阅读的最大理由是想摆脱平庸。一个人如果在青年时期就开始平庸，那么今后要摆脱平庸就十分困难。

早一天，就多一分人生的精彩；迟一天，就多一天平庸的困扰。

——余秋雨

孩子，为你自己读书

中国著名散文家
周国平 余秋雨———等 著

朝华出版社
BLOSSOM PRESS

图书在版编目（CIP）数据

孩子，为你自己读书 / 周国平等著. -- 北京：朝华出版社，2023.2
ISBN 978-7-5054-5113-1

Ⅰ．①孩… Ⅱ．①周… Ⅲ．①中小学生－读书方法 Ⅳ．①G632.46

中国国家版本馆CIP数据核字(2023)第000680号

本书部分作品著作权由中国文字著作权协会授权
电话：010-65978917，传真：010-65978926，
E-mail: wenzhuxie@126.com

孩子，为你自己读书

作　　者	周国平　等
选题策划	时一男　王静怡
责任编辑	林　鸿
特约编辑	王　丹　王　静
责任印制	陆竞赢　崔　航
装帧设计	人马艺术设计·储平

出版发行	朝华出版社		
社　　址	北京市西城区百万庄大街24号	邮政编码	100037
订购电话	（010）68996061　68995512		
传　　真	（010）88415258（发行部）		
联系版权	zhbq@cipg.org.cn		
网　　址	http://zhcb.cipg.org.cn		
印　　刷	万卷书坊印刷（天津）有限公司		
经　　销	全国新华书店		
开　　本	880mm×1230mm　1/32	字　数	150千字
印　　张	7.25		
版　　次	2023年2月第1版　2023年2月第1次印刷		
装　　别	平		
书　　号	ISBN 978-7-5054-5113-1		
定　　价	49.00 元		

版权所有 翻印必究·印装有误 负责调换

目录

Part 1　为什么读书

读书是最对得起付出的一件事 / 梁晓声	2
为什么读书 / 胡适	7
天下第一好事，还是读书 / 季羡林	14
牛津的书虫 / 许地山	18
读书的能力 / 肖复兴	23
读书是一种抵抗寂寞的能力 / 梁晓声	27
读书，人才更加像人 / 严文井	32

Part 2　人与书之间

- 读书的癖好 / 周国平　　36
- 人与书之间 / 周国平　　41
- 书 / 朱湘　　46
- 漫谈读书 / 梁实秋　　51
- 做一个读书人的幸福 / 赵丽宏　　56
- 阅读是一种孤独 / 毕淑敏　　62
- 阅读的要素 / 王安忆　　67

Part 3　读书要有选择

- 阅读的最大理由是摆脱平庸 / 余秋雨　　72
- 谈读杂书 / 汪曾祺　　76
- 读书要有选择 / 何其芳　　83
- 读书 / 老舍　　86
- 读书杂谈 / 鲁迅　　91
- 忆读书 / 冰心　　99
- 选择与鉴别——怎样阅读文艺书籍 / 老舍　　104

Part 4　怎样阅读才有效

谈读书 / 朱光潜	112
谈谈怎样读书 / 王力	119
我的读书经验 / 冯友兰	125
谈读书 / 吴晗	131
谈读书 / 叶圣陶	135
论百读不厌 / 朱自清	143
怎样提高读书的速率和效率？/ 童行白	152
有效的读书方法 / 姜建邦	159

Part 5　大师们的阅读历程

我的读书经验 / 蔡元培	166
我的读书生活 / 孙犁	170
读书曾值乱离年 / 叶嘉莹	175
我的读书的经验 / 章衣萍	183
我的苦学经验 / 丰子恺	190
从我学习历史的经过说到现在的学习方法 / 吕思勉	206
从百草园到三味书屋 / 鲁迅	218

Part 1
-
为什么读书

书籍是贮存人类代代相传的智慧的宝库。
后一代的人必须读书,才能继承和发扬前人的智慧。

读书是最对得起付出的一件事,你多读一本好书,就会对你产生影响。实际上,除了书籍,没有其他的方式能够使普通青年朝向学者、作家这条路走过去。只要你曾经花过十年或者更多的时间去读好书,无论做什么,都有自信。

读书是最对得起付出的一件事

梁晓声

我很幸运,我的外祖父喜欢读书,为母亲读了很多唱本,所以,虽然母亲是文盲,但能给我讲故事。到少年时期,我认识了一些字,看小人儿书、连环画。那个年代,小人儿书铺的店主会把每本新书的书皮扯下来,像穿糖葫芦一样穿成一串,然后编上号、挂在墙上,供读者选择。由于囊中羞涩,你要培养起一种能力——看书皮儿,了解这本书讲的故事是中国的还是外国的,是古代的还是当代的,从而做出判断,决定究竟要不要花2分钱来读它。

小学四五年级,我开始看文学类书籍。从1949年到1966年我上中学,全国出版的比较著名的长篇小说也就二十几部,另外还有一些翻译的外国小说,加在一起不会超过五六十部。我差不多在那个时期把这些书都读完了,下乡之后就成了一个心中有故事的人。

从听故事、看小人儿书到读名著，可以说这是一脉相承的——没有听过故事的人很难对小人儿书发生兴趣，长大以后自然也不会爱读书。可见，家庭环境对培养子女阅读习惯有多重要！

好人是个什么概念？好人是天生的吗？我想，有一部分是跟基因有关的，就像我们常说的"善根"。但是，大多数人后天是要变化的，正如《三字经》所讲的"人之初，性本善。性相近，习相远"。当年，我们拿起的任何一本书，有个最基本的命题，就是善，或者说人道主义。我们读书时，会对书中的正面人物产生敬意，继而以其为榜样，他们怎么做，我们也会学着做。学得多了，也就自然而然地走上了这条路。可以得出一个结论：一个人读了很多好书，他很可能是个好人。我实实在在地感受到了书籍对自己的改变，在"底色"的层面影响了我。因此，我对书籍的感激超越常人。

在互联网时代，我们看到很多暴力、色情等不良内容。这是网络文化产生以后，全世界所面临的共同性问题。但是，我们也必须看到一点，外国人很快就从这个泡沫中摆脱出来了——他们过了一把瘾，明白电脑和手机只不过是工具，没营养的内容很浪费时间；而且，这些不良内容就像无形的绳子，套住你的品位使劲往下拽，往往还是"下无止境"的。如果我们的亲人和朋友们也成了这种低俗文化娱乐的爱好者，你也会感到悲哀。

咱们的电视节目跟五六年前相比已经发生了变化——不仅仅以"逗乐"为唯一目的了，加进了友情、亲情的温暖和对是非对错的判断。这些正面的社会价值观开始不断进入我们的视野。当然，节目本身的品质也是重点。要相信，我们的大多数创作者会逐渐体会到：不应该只停留在"逗乐"的层次上。至于网络上的不良内容和受众人群，我感到遗憾——有那么多好的书、好的文章给读者带来各种美好的可能性，你为什么偏要往那么低下的方向走呢？娱乐也是需要体面的。看一本《金瓶梅》说明不了什么，但如果只找这类书和片段来看就有问题了。这样做人不就毁了吗？在当代社会，这样的人已经和那些文字垃圾变成同一堆了。现在，有些青年就愿意沉浸在那样的泡沫里，那就不要抱怨你的人生没有希望。

个人有没有文化自信？当然有。在日常生活中，我经常看到就有许多人处于自卑的状态，哪怕他们成了有钱人、当了官，谈到文化，他们就不自信了。而我也接触过一些普通人，他们在文化上是自信的，可以和任何人平等地谈某一段历史、某一个话题。书和人的关系就在这儿——在教育资源、社会资源等方面，你无法跟那些出身于上层社会富裕家庭的孩子相比；但在读书这件事上，你们是平等的。无论你端盘子、开饭馆，或是工厂里的普通工人，那么多的好书就摆在那儿供你选择。与其怨天尤人——我没有一个好爸爸、好家庭，连朋友都在同样层面，不如看看眼前这条路，路上铺满了书。

读书是最对得起付出的一件事，你多读一本好书，就会对你产生影响。实际上，除了书籍，没有其他的方式能够使普通青年朝向学者、作家这条路走过去。只要你曾经花过十年或者更多的时间去读好书，无论做什么，都有自信。

我们年轻时手头很紧，花8角钱买一本书也会犹豫。现在的经济条件好了太多，一本书即便是四五十元，也不过就是一张电影票的钱，可年轻人却不愿意读书了。现在，中国人口已经超过14亿，而我们的读书人口比例的世界排名却是很靠后的，和发达国家的差距很大。在地铁上，满眼望去，在一万个人里可能都挑不到一个有读书习惯的人。在现实生活中，从一个人的言行中就能看到他们的父母与家庭，以及更深层次的文化背景。那些"追星族"还能活到什么高度？其实，我这么说的时候，包含着一种心疼。

书是代表人类老祖宗传给我们的智识的遗产,我们接受了这遗产,以此为基础,可以继续发荣光大,更在这基础之上,建立更高深更伟大的智识。

为什么读书

胡适

从前有一位大哲学家作了一篇《读书乐》,说到读书的好处,他说:"书中自有千钟粟,书中自有黄金屋,书中自有颜如玉。"这意思就是说,读了书可以做大官,获厚禄,可以不至于住茅草房子,可以娶得年轻的漂亮太太。诸位听了笑起来,足见诸位对于这位哲学家所说的话不十分满意,现在我就讲所以要读书的别的原因。

为什么要读书?有三点可以讲:第一,因为书是过去已经知道的智识学问和经验的一种记录,我们读书便是要接受这人类的遗产;第二,为要读书而读书,读了书便可以多读书;第三,读书可以帮助我们解决困难,应付环境,并可获得思想材料的来源。

现在我就把以上三点更详细地说一说。

第一,因为书是代表人类老祖宗传给我们的智识的遗产,我们接受了这遗产,以此为基础,可以继续发荣光大,更在这基础之上，建立更高深更伟大的智识。人类之所以与别的动物不同，就是因为人有语言文字，可以把智识传给别人，又传至后人，再加以印刷术的发明，许多书报便印了出来。人的脑很大，与猴不同，人能造出语言，后来更进一步而有文字，又能刻木刻字，所以人最大的贡献就是"留下"过去的智识和经验，使后人可以节省许多脑力。非洲野蛮人在山野中遇见鹿，他们就画了一个人和一只鹿以代信，给后面的人叫他们勿追。但是把智识和经验遗给儿孙有什么用处呢？这是有用处的，因为这是前人很好的教训。现在学校里各种教科，如物理、化学、历史，等等，都是根据几千年来进步的知识编纂成书的，一年、两年，或者三年，教完一科。自小学、中学，而至大学毕业，这十六年中所受的教育，都是代表我们老祖宗几千年来得来的智识学问和经验。所谓进化，就是叫人节省劳力。蜜蜂虽能筑巢，能发明，但传下来就只有这一点智识，没有继续去改革改良，以应付环境，没有做格外进一步的工作。人呢，达不到目的，就再去求进步，而以前人的智识学问和经验作参考。如果每样东西，要个个人从头学起，而不去利用过去的知识，那不是太麻烦吗？所以人有了这智识的遗产，就可以自己去成家立业，就可以缩短工作，使有余力做别的事。

第二点稍复杂，就是为读书而读书。读书不是那么容易的一件事情，不读书不能读书，要能读书才能多读书。好比戴了眼镜，小的可以放大，糊涂的可以看得清楚，远的可以变为近。

读书要"戴眼镜"。眼镜越好，读书的了解力也越大。王安石对曾子固说："读经而已，则不足以知经。"所以他对于本草、内经、小说，无所不读，这样对于经才可以明白一些。王安石说："致其知而后读。"

请你们注意，他不说读书以致知，却说，先致知而后读书。读书固然可以扩充知识；但知识越扩充了，读书的能力也越大。这便是"为读书而读书"的意义。

试举《诗经》作一个例子。从前的学者把《诗经》看作"美""刺"的圣书，越讲越不通。现在的人应该多预备几副好眼镜，人类学的眼镜、考古学的眼镜、文法学的眼镜、文学的眼镜。眼镜越多越好，越精越好。例如"野有死麕，白茅包之。有女怀春，吉士诱之"；我们若知道比较民俗学，便可以知道打了野兽送到女子家去求婚，是平常的事。又如"钟鼓乐之，琴瑟友之"，也不必说什么文王太姒，只可看作少年男子在女子的门口或窗下奏乐唱和，这也是很平常的事。再从文法方面来观察，像诗经里"之子于归""黄鸟于飞""凤凰于飞"的"于"字，此外，诗经里又有几百个"维"字，还有许多"助词""语词"，这些都是有作用而无意义的虚字，但以前的人却从未注意及此。这些字若不明白，《诗经》便不能懂。再说在《墨子》一书里，有点光学、力学，又有点经济学。但你要懂得光学，才能懂得墨子所说的光；你要懂得各种智识，才能懂得《墨子》里一些最难懂的文句。总之，读书是为了要读书，多读书更可以读书。最大的毛病就在怕读书，怕读难书。越难读的书我们越要征服它们，把它们作为我们的奴隶或向导，我们才能够打倒难书，这才是我们的"读书乐"。若是我们有了基本的科学知识，那么，我们在读书时便能左右逢源。我再说一遍，读书的目的在于读书，要读书越多才可以读书越多。

第三点，读书可以帮助解决困难，应付环境，供给思想材料。知识是思想材料的来源。思想可分作五步，思想的起源是大的疑问。吃饭拉屎不用想，但逢着三岔路口，十字街头那样的环境，就发生困难了。走东或走西，这样做或是那样做有了困难才有思想。第二步要把问题弄清，困难弄清，究竟困难在哪一点上。第三步才想到如何解决，这一步，俗话叫作出主意。但主意太多，都采用也不行，必须要挑选。但主意太少，或者竟全无主意，那就更没有办法了。第四步就是要选择一个假定的解决方法。要想到这一个方法能不能解决，若不能，那么，就换一个；若能，就行了。这好比开锁，这一个钥匙开不开，就换了一个；假定是可以开的，那么，问题就解决了。第五步就是证实。凡是有条理的思想都要经过这步，或是逃不了这五个阶级。科学家要解决问题，侦探要侦探案件，多经过这五步。

这五步之中，第三步是最重要的关键。问题当前，全靠有主意（Ideas）。主意从哪儿来呢？从学问经验中来。没有智识的人，见了问题，两眼白瞪瞪，抓耳挠腮，一个主意都不来。学问丰富的人，见着困难问题，东一个主意，西一个主意，挤上来,涌上来,请求你录用。读书是过去智识学问经验的记录,而智识学问经验就是要用在这时候,所谓养军千日,用在一朝。否则,学问一些都没有,遇到困难就要糊涂起来。例如达尔文把生物变迁现象研究了几十年,却想不出一个原则去整统他的材料。后来无意中看到马尔萨斯的人口论,说人口是按照几何学级数一倍一倍的增加,粮食是按照数学级数增加,达尔文研究了这原则,忽然触机,就把这原则应用到生物学上去,创了物竞天择的学说。读了经济学的书,可以得着一个解决生物学上的困难问题,这便是读书的功用。古人说"开卷有益",正是此意。读书不是单为文凭功名,只因为书中可以供给学问知识,可以帮助我们解决困难,可以帮助我们思想。又譬如从前的人以为地球是世界的中心,后来天文学家哥白尼却主张太阳是世界的中心,绕着地球而行。据罗素说,哥白尼所以这样解说,是因为希腊人已经讲过这句话;假使希腊没有这句话,恐怕更不容易有人敢说这句话吧。这也是读书的好处。有一家书店印了一部旧小说叫作《醒世姻缘》,要我作序。这部书是西周生所著,印好在家藏了六年。我还不曾考出西周生是谁,这部小说讲到婚姻问题,其内容是这样:有个好老婆,不知何故,后来忽然变坏,作者没有提及解决方法,也没有想到可以离婚,只说是前世作孽,因为在前世男虐待女,女就投生换样子,压迫者变为被压迫者。这种前世作孽,起先相爱,后来忽变的故事,我仿佛什么地方看见过。后来忽然想起

《聊斋志异》一书中有一篇和这相类似的笔记，也是说到一个女子，起先怎样爱着她的丈夫，后来怎样变为凶太太，便想到这部小说大约是蒲留仙或是蒲留仙的朋友做的。去年我看到一本杂记，也说是蒲留仙做的，不过没有多大证据。今年我在北京，才找到了证据。这一件事可以解释刚才我所说的第二点，就是读书可以帮助读书，同时也可以解释第三点，就是读书可以供给出主意的来源。当初若是没有主意，到了逢着困难时便要手足无措，所以读书可以解决问题，就是军事、政治、财政、思想等问题，也都可以解决，这就是读书的用处。

我有一位朋友，有一次傍着洋灯看小说，洋灯装有油，但是不亮，因为灯芯短了。于是他想到《伊索寓言》里有一篇故事，说是一只老鸦要喝瓶中的水，因为瓶太小，得不到水，它就衔石投瓶中，水乃上来。这位朋友是懂得化学的，加水于灯中，油乃碰到灯芯。这是看《伊索寓言》给他看小说的帮助。读书好像用兵，养兵求其能用，否则即使有十万二十万的大兵也没有用处，难道只好等他们兵变吗？

希望大家不要怕读书，起初的确要查阅字典，但假使能下一年苦功，继续不断做去，那么，在一二年中定可开辟一个乐园，还只怕求知的欲望太大，来不及读呢。我总算是老大哥，今天我就根据我过去三十五年读书的经验，给你们这一个临别的忠告。

（本文选入时有删减）

中国悠久的优秀的传统文化的传承者，是这一批地痞流氓，还是"秀才"？答案皎如天日。这一批"读书无用论"的"现身说法"者，除了镇压人民、剥削人民之外，只给后代留下了什么陵之类，供今天搞旅游的人赚钱而已。他们对我们国家并无贡献可言。

天下第一好事，还是读书

季羡林

古今中外赞美读书的名人和文章，多得不可胜数。张元济先生有一句简单朴素的话："天下第一好事，还是读书。""天下"而又"第一"，可见他对读书重要性的认识。

为什么读书是一件"好事"呢？

也许有人认为，这问题提得幼稚而又突兀。这就等于问"为什么人要吃饭"一样，因为没有人反对吃饭，也没有人说"读书不是一件好事"。

但是，我却认为，凡事都必须问一个"为什么"，事出都有因，不应当马马虎虎，等闲视之。现在就谈一谈我个人的认识，谈一谈读书为什么是一件好事。

凡是事情古老的，我们常常总说"自从盘古开天地"。我现在还要从盘古开天地谈起，从人类脱离了兽界进入人界开始谈。人成了人以后，就开始积累人的智慧，这种智慧如滚雪球，越滚越大，也就是越积越多。

禽兽似乎没有发现有这种本领。一只蠢猪一万年以前是这样蠢，到了今天仍然是这样蠢，没有增加什么智慧。人则不然，不但能随时增加智慧，而且根据我的观察，增加的速度越来越快，有如物体从高空下坠一般。到了今天，达到了知识爆炸的水平。最近一段时间以来，"克隆"使全世界的人都大吃一惊。有的人忧心忡忡，不知这种技术发展下去将导致什么后果。

人类千百年以来保存智慧的手段不出两端：一是实物，比如长城等等，二是书籍，以后者为主。在发明文字以前，保存智慧靠记忆；文字发明了以后，则使用书籍。把脑海里记忆的东西搬出来，搬到纸上，就形成了书籍，书籍是贮存人类代代相传的智慧的宝库。后一代的人必须读书，才能继承和发扬前人的智慧。人类之所以能够进步，永远不停地向前迈进，靠的就是能读书又能写书的本领。我常常想，人类向前发展，有如接力赛跑：第一代人跑第一棒；第二代人接过棒来，跑第二棒；及至第三棒、第四棒，永远跑下去，永无穷尽，这样智慧的传承也永无穷尽。这样的传承靠的主要就是书，书是事关人类智慧传承的大事，这样一来，读书不是"天下第一好事"又是什么呢？

但是，话又说了回来，中国历代都有"读书无用论"的说法。读书的知识分子，古代通称之为"秀才"，常常成为取笑的对象，比如说什么"秀才造反，三年不成"，是取笑秀才的无能。这话不无道理。在古代——请注意，我说的是"在古代"，今天已经完全不同了——造反而成功者几乎都是不识字的痞子流氓，中国历史上两个马上皇帝，开国"英主"，刘邦和朱元璋，都属此类。诗人只有慨叹"可惜刘项不读书"。"秀才"最多也只有成为这一批地痞流氓的"帮忙"或者"帮闲"。帮不上的就只好慨叹"儒冠多误身"了。

但是，话还要再说回来，中国悠久的优秀的传统文化的传承者，是这一批地痞流氓，还是"秀才"？答案皎如天日。这一批"读书无用论"的"现身说法"者，除了镇压人民、剥削人民之外，只给后代留下了什么陵之类，供今天搞旅游的人赚钱而已。他们对我们国家并无贡献可言。

总而言之，"天下第一好事，还是读书"。

一九九七年四月八日

（本文选入时标题有改动，内容有删减）

当彷徨于学问的歧途时,若不能早自决断该向哪一条路走去,他的学业必致如荒漠的沙粒,既不能长育生灵,又不堪制作器用。即使他能下笔千言,必无一字可取。

牛津的书虫

许地山

牛津实在是学者的学国,我在此地两年的生活尽用于波德林图书馆、印度学院、阿克关屋(社会人类学讲室),及曼斯斐尔学院中,竟不觉归期已近。

同学们每叫我作"书虫",定蜀尝鄙夷地说我于每谈论中,不上三句话,便要引经据典,"真正死路"!刘锴说:"你成日读书,睇读死你嚟呀!"书虫诚然是无用的东西,但读书读到死,是我所乐为。假使我的财力、事业能够容允我,我诚愿在牛津做一辈子的书虫。

我在幼时已决心为书虫生活。自破笔受业直到如今,二十五年间未尝变志。但是要做书虫,在现在的世界本不容易。需要具足五个条件才可以。五件者:第一要身体康健;第二要家道丰裕;第三要事业清闲;第四要志趣淡泊;第五要宿慧超越。我于此五件,一无所有!故我以十年之功只当他人一夕之业。于诸学问、途径还未看得清楚，何敢希望登堂入室？但我并不因我的资质与境遇而灰心，我还是抱着读得一日便得一日之益的心志。

为学有三条路向：一是深思，二是多闻，三是能干。第一途是做成思想家的路向；第二是学者；第三是事业家。这三种人同是为学，而其对于同一对象的理解则不一致。譬如有人在居庸关下偶然捡起一块石头，一个思想家要想它怎样会在那里，怎样被人捡起来，和它的存在的意义。若是一个地质学者，他对于那石头便从地质方面原原本本地说。若是一个历史学者，他便要探求那石与过去史实有无的关系。若是一个事业家，他只想着要怎样利用那石而已。三途之中，以多闻为本。我邦先贤教人以"博闻强记"，及教人"不学而好思，虽知不广"的话，真可谓能得为学的正谊。但在现在的世界，能专一途的很少。因为生活上等等的压迫，及种种知识上的需要，使人难为纯粹的思想家或事业家。假使苏格拉底生于今日的希腊，他难免也要写几篇关于近东问题的论文投到报馆里去卖几个钱。他也得懂得一点汽车、无线电的使用方法。也许他也会把钱财存在银行里。这并不是因为"人心不古"，乃是因为人事不古。近代人需要等等知识为生活的资助，大势所趋，必不能在短期间产生纯粹的或深邃的专家。故为学要先多能，然后专攻，庶几可以自存，可以有所供献。吾人生于今日，对于学问，专既难能，博又不易，所以应于上列三途中至少要兼二程。兼多闻与深思者为文学家。兼多闻与能干的为科学家。就是说一个人具有学者与思想家的才能，便是文学家；具有学者与专业家的功能的，便是科学家。文学家与科学家同要具学者的资格，所不同者，一是偏于理解，一是偏于作用；一是修文，一是格物（自然我所用科学家与文学家的名字是广义的）。进一步说，舍多闻既不能有深思，亦不能生能干，所以多闻是为学根本。多闻多见为学者应有的事情，如人能够做到，才算得过着书虫的生活。当彷徨于学问的歧途时，若不能早自决断该向哪一条路走去，他的学业必致如荒漠的沙粒，既不能长育生灵，又不堪制作器用。即使他能下笔千言，必无一字可取。纵使他能临事多谋，必无一策能成。我邦学者，每不擅于过书虫生活，在歧途上既不能慎自抉择，复不虚心求教；过得去时，便充名士，过不去时，就变劣绅。所以我觉得留学而学普通知识，是一个民族最羞耻的事情。我每觉得我们中间真正的书虫太少了。这是因为我们当学生的多半穷乏，急于谋生，不能具足上说五种求学条件所致。从前生活简单，旧式书院未变学堂的时代，还可以希望从领膏火费的生员中造成一二。至于今日的官费生或公费生，多半是虚掷时间和金钱的。这样的光景在留学界中更为显然。

牛津的书虫很多，各人都能利用他的机会去钻研，对于有学无财的人，各学院尽予津贴，未卒业者为"津贴生"，已卒业者为"特待校友"，特待校友中有一辈以读书为职业的。

要有这样的待遇，然后可产出高等学者。在今日的中国要靠著作度日是绝对不可能的。因社会程度过低，还养不起著作家。……所以著作家的生活与地位在他国是了不得，在我国是不得了！著作家还养不起，何况能养在大学里以读书为生的书虫？

……

（本文选入时有删减）

孩提和青春时代读书,是最好的季节,最容易感受和吸收,最有利于自身心灵与精神的丰富和成长。

读书的能力

肖复兴

牛津大学教授约翰·凯里在他的《读书至乐》一书中这样说过:"读书的特别之处在于——书籍这种媒介与电影电视媒介相比,具有不完美的缺陷。电影与电视所传递的图像几乎是完美的,看起来和它要表现的东西没有什么两样。印刷文字则不然,它们只是纸上的黑色标记,必须经过熟练读者的破译才能具有相应的意义。"

我赞同他的说法。电影和电视时代乃至网络时代的到来,使得农业时代传统的纸面阅读受到了强烈的冲击,约翰·凯里教授强调的"必须经过熟练读者的破译才能具有相应的意义",对今天我们读书而言,格外具有现实的意义。他其实就是告诉我们,如今的读书已经成为一种能力,只有具备了这种能力,才能读出书本中相应的意义,当然还有读出的乐趣。这种乐趣和意义,更注重心灵与精神的层面。

只是，我们现在常常容易忽略心灵与精神，而是更加重视挣钱，获取财富或升迁的能力，阅读的能力越来越被我们忽略，或者仅仅沦为一种应付考试的实用的能力。和前人相比，我们读书的能力已经大幅度退步，起码和我们对财富能力的渴望与热度相比，不成比例。

但传统的纸面阅读，毕竟有着不可取代的独特魅力。它古典式的宁静，以及在白纸黑字之间弥散着的想象力和慰藉感，是任何其他阅读方式不可比拟的，从而成为现代生活选择的一种美好的方式。它起码让我们的情感和心绪以及心灵有了一个与之呼应而充满着悠扬回声的空间。好书总会给予我们一个与现实相对比和对应的空间。好书总能够让我们仰起头，不再只注意自己鼻尖底下那一点点，而重新看一看头顶浩瀚的天空，太阳还在明朗地照耀着，只不过太阳和风雨雷电同在，不要只看见了风雨雷电就以为太阳不存在了。

读书确实是需要能力的，这样的能力，谁都需要学习，需要锻炼和培养。而这样的学习、锻炼和培养，首先需要跳出实用主义的泥沼，需要从孩子开始、从青春开始才行。因为读书和种庄稼一样，也是有季节性的，过了这村就没有这店。孩提和青春时代读书，是最好的季节，最容易感受和吸收，最有利于自身心灵与精神的丰富和成长。我常会想起我小时候到青春时节的读书经历和那些读过的书，我想，如果漫长的岁月里我没有读过这些书，会是什么样的状况？也许，日子照样过，依然活到了今天，但总觉得会缺少点儿什么。少了什么呢？我又说不清了，因为它看不见摸不着，又不会那么实际实惠实用。细想一下，缺少的大概应该是阅读带给我的那种美感、善感和敏感，以及无穷的快感和乐趣吧？缺少了这些，或许会让我的心粗糙而变成一块千疮百孔的搓脚石吧？会让我的精神贫瘠而变成荒原一样荒芜了吧？

有这样两句古语我很喜欢，也常以此告诫自己。

一句是放翁的诗："晨炊躬稼米，夜读世藏书。"它能让我想起我们的先人的读书情景，那时读书只是一种朴素的生存方式，自己一边煮自己躬身稼穑的米粥吃，一边读书，而不是现在伴一杯咖啡的时髦或点缀。

一句是明永乐年间开业的北京老药铺万全堂中的一副抱柱联："修合无人见，存心有天知。"说的虽是医德，其实也可作读书的座右铭，读书也是一种修合，不是给别人看的，也不是为别人读的，更不是为了功名利禄。读书人的德行，心知书知，天知地知。

而最强大的寂寞,还不是想做什么事而无事可做,想说话而无人与说;而是想回忆而没有什么值得回忆的,是想思想而早已丧失了思想的习惯。

读书是一种抵抗寂寞的能力

梁晓声

都认为,寂寞是由于想做事而无事可做,想说话而无人与说,想改变自身所处的这一种境况而又改变不了。

是的,以上基本就是寂寞的定义了。

寂寞是对人性的缓慢的破坏。寂寞相对于人的心灵,好比锈相对于某些容易生锈的金属。但不是所有的金属都那么容易生锈。金子就根本不生锈。不锈钢的拒腐蚀性也很强。而铁和铜,我们都知道,它们极容易生锈,像体质弱的人极容易伤风感冒。

某次和大学生们对话时,被问:"阅读的习惯对人究竟有什么好处?"我回答了几条,最后一条是——可以使人具有特别长期地抵抗寂寞的能力。他们笑。我看出他们皆不以为然。他们的表情告诉了我他们的想法——我们需要具备这一种能力干什么呢?

是啊,他们都那么年轻,大学又是成千上万的青年学子云集的地方，一间寝室住六名同学，寂寞沾不上他们的边啊！但我同时看出，其实他们中某些人内心深处别提有多寂寞了。而大学给我的印象正是一个寂寞的地方。大学的寂寞包藏在许多学子追逐时尚和娱乐的现象之下。所以他们渴望听老师以外的人和他们说话，不管那样的一个人是干什么的，哪怕是一名犯人在当众忏悔。似乎，越是和他们的专业无关的话题，他们参与的热忱越活跃。因为正是在那样的时候，他们内心深处的寂寞获得了适量地释放一下的机会。

故我以为，寂寞还有更深层的定义，那就是——从早到晚所做之事，并非自己最有兴趣的事；从早到晚总在说些什么，但没几句是自己最想说的话；即使改变了这一种境况，另一种新的境况也还是如此，自己又比任何别人更清楚这一点。这是人在人群中的一种寂寞。这是人置身于种种热闹中的一种寂寞。这是另类的寂寞，现代的寂寞。

如果这样的一个人，心灵中再连值得回忆一下的往事都没有，头脑中再连值得梳理一下的思想都没有，那么他的人性，很快就会从外表锈到中间。无论是表层的寂寞，还是深层的寂寞，要抵抗住它对人心的伤害，那都是需要一种人性的大能力的。

我的父亲虽然只不过是一名普通的建筑工人，但在"文革"中，也遭到了流放式的对待。仅仅因为他这个十四岁闯关东的人，在哈尔滨学会了几句日语和俄语，便被怀疑是日俄双料潜伏特务。差不多有七八年的时间，他独自一人被发配到四川的深山里为工人食堂种菜。他一人开了一大片荒地，一年到头不停地种，不停地收。隔两三个月有车进入深山给他送一次粮食和盐，并拉走菜。

他靠什么排遣寂寞呢？近五十岁的男人了，我的父亲，他学起了织毛衣。没有第二个人，没有电，连猫狗也没有，更没有任何可读物。有，对于他也是白有，因为他几乎是文盲。他劈竹子自己磨制了几根织针。七八年里，将他带上山的新的旧的劳保手套一双双拆绕成线团，为我们几个，他的儿女织袜子，织线背心。这一种从前的女人才有的技能，他一直保持到逝世那一年。织，成了他的习惯。那一年，他七十七岁。

劳动者为了不使自己的心灵变成容易生锈的铁或铜，也只有被逼出了那么一种能力。而知识者，我以为，正因为所感受到的寂寞往往是更深层的，所以需要有更强的抵抗寂寞的能力。这一种能力，除了靠阅读来培养，目前我还贡献不出别种办法。

胡风先生在所有当年的"右派"中被囚禁的时间最长——三十余年。他的心经受过双重的寂寞的伤害。胡风先生逝世后，我曾见过他的夫人一面，惴惴地问："先生靠什么抵抗住了那么漫长的与世隔绝的寂寞？"她说："还能靠什么呢？靠回忆，靠思想。否则他的精神早崩溃了，他毕竟不是什么特殊材料的人啊！"

但我心中暗想，胡风先生其实太够得上是特殊材料的人了啊！幸亏他是大知识分子，故有值得一再回忆之事，故有值得一再梳理之思想。若换了我的父亲，仅仅靠拆了劳保手套织东西，肯定是要在漫长的寂寞伤害之下疯了的吧？

知识给予知识分子之最宝贵的能力是思想的能力。因为靠了思想的能力，无论被置于何种孤单的境地，人都不会丧失最后一个交谈伙伴，而那正是他自己。自己与自己交谈，哪怕仅仅做这一件在别人看来什么也没做的事，他足以抵抗很漫长很漫长的寂寞。如果居然侥幸有笔有足够的纸，孤独和可怕的寂寞也许还会开出意外的花朵。《绞刑架下的报告》《可爱的中国》《堂·吉诃德》的某些章节、欧·亨利的某些经典短篇，便是在牢房里开出的思想的或文学的花朵。思想使回忆成为知识分子的驼峰。

而最强大的寂寞，还不是想做什么事而无事可做，想说话而无人与说；而是想回忆而没有什么值得回忆的，是想思想而早已丧失了思想的习惯。这时人就自己赶走了最后一个陪伴他的人，他一生最忠诚的朋友——他自己。

谁都不要错误地认为孤独和寂寞这两件事永远不会找到自己头上。现代社会的真相告诫我们，那两件事迟早会袭击我们。人啊，为了使自己具有抵抗寂寞的能力，读书吧！人啊，一旦具备了这一种能力，某些正常情况下，孤独和寂寞还会由自己调节为享受着的时光呢！

信不信，随你……

（本文选入时标题有改动）

书籍，在所有动物里面，只有人这种动物才能制造出来。
读书，人才更加像人。

读书，人才更加像人

严文井

如果一个人有了"知识"这样一个概念，并且认识了自己知识贫乏的现状，他就可能去寻求、靠近知识。相反，如果他认为自己什么都懂，他就会远离知识，在他自以为是在前进的时候，走着倒退的路。当我明白了自己读书非常少的时候，我就产生了求学的强烈愿望。当我知道了世界上书籍数目如何庞大的时候，我又产生了分辨好坏，选择好书的愿望。

教科书不过是古往今来的各种书籍当中的一小部分，你不得不尊敬它们，但不必害怕它们，更不要被它们捆住手脚。为此，我已经付出了不小的代价，我没考进大学，我并不认为自己不好学。

如果我在思考一个问题，长期得不到解答，我就去向古代的智者和当代的求索者求教，按照一个明显的目的，我打开了一本又一本书。

有的书给了我许多启发,有的书令我失望。即使在那些令我失望的书中,我还是感觉有收获。那就是:道路没有完毕,还得继续走下去。

书籍默不作声,带着神秘的笑容等待着我们。当你打开任何一本书的时候,马上你就会听见许多声音,美妙的音乐或刺耳的噪声。你可以停留在里面,也可以马上退出来。

至于我,即使那本书里有魔鬼在嚎叫,我也要听一听,这是为了辨别小夜曲、牛鸣、苍蝇的嗡嗡、狮吼和魔鬼的歌唱有什么差别。这些差别,也是知识。

书籍对所有的人都是平等的。即使你没有上过任何学校,只要你愿意去求教,它们都不拒绝。

我读过一点点书,最初是为了从里面寻找快乐和安慰,后来是为了从里面寻找苦恼和疑问。

只要活着,我今后还要读一点点书;这是为了更深地认识我自己和我同辈人知识的贫乏。

书籍,在所有动物里面,只有人这种动物才能制造出来。读书,人才更加像人。

(本文选入时标题有改动)

Part 2

人与书之间

在这路途上,人与书之间会有邂逅,离散,重逢,
诀别,眷恋,反目,共鸣,误解,其关系之微妙,
不亚于人与人之间,给人生添上了如许情趣。

一个人读什么书诚然不是一件次要的事情,但前提还是要有读书的爱好,而只要真正爱读书,就迟早会找到自己的书中知己的。

读书的癖好

周国平

人的癖好五花八门,读书是其中之一。但凡人有了一种癖好,也就有了看世界的一种特别眼光,甚至有了一个属于他的特别的世界。不过,和别的癖好相比,读书的癖好能够使人获得一种更为开阔的眼光,一个更加丰富多彩的世界。我们也许可以据此把人分为有读书癖的人和没有读书癖的人,这两种人生活在很不相同的世界上。

比起嗜书如命的人来,我只能勉强算作一个有一点读书癖的人。根据我的经验,人之有无读书的癖好,在少年甚至童年时便已见端倪。那是一个求知欲汹涌勃发的年龄,不必名著佳篇,随便一本稍微有趣的读物就能点燃对书籍的强烈好奇。

回想起来,使我发现书籍之可爱的不过是上小学时读到的一本普通的儿童读物,那里面讲述了一个淘气孩子的种种恶作剧,逗得我不停地捧腹大笑。从此以后,我对书不再是视若不见,而是刮目相看了,我眼中有了一个书的世界,看得懂看不懂的书都会使我眼馋心痒,我相信其中一定藏着一些有趣的事情,等待我去见识。

随着年龄增长,所感兴趣的书的种类当然发生了很大的变化,对书的兴趣则始终不衰。现在我觉得,一个人读什么书诚然不是一件次要的事情,但前提还是要有读书的爱好,而只要真正爱读书,就迟早会找到自己的书中知己的。

读书的癖好与所谓刻苦学习是两回事,它讲究的是趣味。所以,一个认真做功课和背教科书的学生,一个埋头从事专业研究的学者,都称不上是有读书癖的人。有读书癖的人所读之书必不限于功课和专业,毋宁说更爱读课外和专业之外的书籍,也就是所谓闲书。

当然,这并不妨碍他对自己的专业发生浓厚的兴趣,做出伟大的成就。英国哲学家罗素便是一个在自己的专业上做出了伟大的成就的人,然而,正是他最热烈地提倡青年人多读"无用的书"。

其实,读"有用的书"即教科书和专业书固然有其用途,可以获得立足于社会的职业技能,但是读"无用的书"也并非真的无用,那恰恰是一个人精神生长的领域。从中学到大学到研究生,我从来不是一个很用功的学生,上课偷读课外书乃至逃课是常事。

我相信许多人在回首往事时会和我有同感:一个人的成长

基本上得益于自己读书，相比之下，课堂上的收获显得微不足道。我不想号召现在的学生也逃课，但我国的教育现状确实令人担忧。中小学本是培养对读书的爱好的关键时期，而现在的中小学教育却以升学率为唯一追求目标，为此不惜将超负荷的功课加于学生，剥夺其课外阅读的时间，不知扼杀了多少孩子现在和将来对读书的爱好。

那么，一个人怎样才算养成了读书的癖好呢？我觉得倒不在于读书破万卷，一头扎进书堆，成为一个书呆子。重要的是一种感觉，即读书已经成为生活的基本需要，不读书就会感到欠缺和不安。

宋朝诗人黄山谷有一句名言："三日不读书，便觉语言无味，面目可憎。"林语堂解释为：你三日不读书，别人就会觉得你语言无味，面目可憎。这当然也说得通，一个不爱读书的人往往是乏味的因而不让人喜欢的。不过，我认为这句话主要还是说自己的感觉：你三日不读书，你就会自惭形秽，羞于对人说话，觉得没脸见人。如果你有这样的感觉，你就必定是个有读书癖的人了。

有一些爱读书的人，读到后来，有一天自己会拿起笔来写书，我也是其中之一。所以，我现在成了一个作家，也就是以写作为生的人。我承认我从写作中也获得了许多快乐，但是，这种快乐并不能代替读书的快乐。

有时候我还觉得，写作侵占了我读书的时间，使我蒙受了损失。写作毕竟是一种劳动和支出,而读书纯粹是享受和收入。我向自己发愿,今后要少写多读,人生几何,我不该亏待了自己。

(本文选入时段落有调整)

读书犹如交友，再情投意合的朋友，在一块儿耽得太久也会腻味的。书是人生的益友，但也仅止于此，人生的路还得自己走。

人与书之间

周国平

弄了一阵子尼采研究,不免常常有人问我:"尼采对你的影响很大吧?"有一回我忍不住答道:"互相影响嘛,我对尼采的影响更大。"其实,任何有效的阅读不仅是吸收和接受,同时也是投入和创造。这就的确存在人与他所读的书之间相互影响的问题。我眼中的尼采形象掺入了我自己的体验,这些体验在我接触尼采著作以前就已产生了。

近些年来,我在哲学上的努力似乎有了一个明确的方向,就是要突破学院化、概念化状态,使哲学关心人生根本,把哲学和诗沟通起来。尼采研究无非为我的追求提供了一种方便的学术表达方式而已。当然,我不否认,阅读尼采著作使我的一些想法更清晰了,但同时起作用的还有我的气质、性格、经历等因素,其中包括我过去的读书经历。

有的书改变了世界历史,有的书改变了个人命运。回想起来，书在我的生活中并无此类戏剧性效果，它们的作用是日积月累的。我说不出对我影响最大的书是什么，也不太相信形形色色的"世界之最"。我只能说，有一些书，它们在不同方面引起了我的强烈共鸣，在我的心灵历程中留下了痕迹。

中学毕业时，我报考北大哲学系，当时在我就学的上海中学算爆了个冷门，因为该校素有重理轻文传统，全班独我一人报考文科，而我一直是班里数学课代表，理科底子并不差。同学和老师差不多用一种怜悯的眼光看我，惋惜我误入了歧途。我不以为然，心想我反正不能一辈子生活在与人生无关的某个专业小角落里。怀着囊括人类全部知识的可笑的贪欲，我选择哲学这门"凌驾于一切科学的科学"，这门不是专业的专业。

然而，哲学系并不如我想象的那般有意思，刻板枯燥的哲学课程很快就使我厌烦了。我成了最不用功的学生之一，"不务正业"，耽于课外书的阅读。上课时，课桌上摆着艾思奇编的教科书，课桌下却是托尔斯泰、陀思妥耶夫斯基、屠格涅夫、易卜生，等等，读得入迷，老师课堂提问点到我，我站起来问他有什么事，引得同学们哄堂大笑。说来惭愧，读了几年哲学系，哲学书没读几本，读得多的却是小说和诗。我还醉心于写诗，写日记，积累感受。现在看来，当年我在文学方面的这些阅读和习作并非徒劳，它们使我的精神趋向发生了一个大转变，不再以知识为最高目标，而是更加珍视生活本身，珍视人生的体悟。这一点认识，对于我后来的哲学追求是重要的。

我上北大正值青春期,一个人在青春期读些什么书可不是件小事,书籍、友谊、自然环境三者构成了心灵发育的特殊氛围,其影响毕生不可磨灭。幸运的是,我在这三方面遭遇俱佳,卓越的外国文学名著、才华横溢的挚友和优美的燕园风光陪伴着我,启迪了我的求真爱美之心,使我愈发厌弃空洞丑陋的哲学教条。如果说我学了这么多年哲学而仍未被哲学败坏,则应当感谢文学。

我在哲学上的趣味大约是受文学熏陶而形成的。文学与人生有不解之缘,看重人的命运、个性和主观心境,我就在哲学中寻找类似的东西。最早使我领悟哲学之真谛的书是古希腊哲学家的一本著作残篇集,赫拉克利特的"我寻找过自己",普罗塔戈拉的"人是万物的尺度",苏格拉底的"未经思索的人生不值得一过",犹如抽象概念迷雾中耸立的三座灯塔,照亮了久被遮蔽的哲学古老航道。我还偏爱具有怀疑论倾向的哲学家,例如笛卡儿、休谟,因为他们教我对一切貌似客观的绝对真理体系怀着戒心。可惜的是,哲学家们在批判早于自己的哲学体系时往往充满怀疑精神,一旦构筑自己的体系却又容易陷入独断论。相比之下,文学艺术作品就更能保持多义性、不确定性、开放性,并不孜孜于给宇宙和人生之谜一个终极答案。

长期的文化禁锢使得我这个哲学系学生竟也无缘读到尼采或其他现代西方人的著作。上学时,只偶尔翻看过萧赣译的《札拉斯图拉如是说》,因为是用文言翻译,译文艰涩,未留下深刻印象。直到大学毕业以后很久，才有机会系统阅读尼采的作品。我的确感觉到一种发现的喜悦，因为我对人生的思考、对诗的爱好以及对学院哲学的怀疑都在其中找到了呼应。一时兴发，我搞起了尼采作品的翻译和研究，而今已三年有余。现在，我正准备同尼采告别。

读书犹如交友，再情投意合的朋友，在一块儿耽得太久也会腻味的。书是人生的益友，但也仅止于此，人生的路还得自己走。在这路途上，人与书之间会有邂逅，离散，重逢，诀别，眷恋，反目，共鸣，误解，其关系之微妙，不亚于人与人之间，给人生添上了如许情趣。也许有的人对一本书或一位作家一见倾心，爱之弥笃，乃至白头偕老。我在读书上却没有如此坚贞专一的爱情。倘若临终时刻到来，我相信使我含恨难舍的不仅有亲朋好友，还一定有若干册体己好书。但尽管如此，我仍不愿同我所喜爱的任何一本书或一位作家厮守太久，受染太深，丧失了我自己对书对人的影响力。

一九八八年

不如趁着眼睛还清朗,鬓发尚未成霜,多读一读"人生"这本书吧!

书

朱湘

拿起一本书来,先不必研究它的内容,只是它的外形,就已经很够我们的赏鉴了。

那眼睛看来最舒服的黄色毛边纸,单是纸色已经在我们的心目中引起一种幻觉,令我们以为这书是一个逃免了时间之摧残的遗民。它所以能幸免而来与我们相见的这段历史的本身,就已经是一本书,值得我们的思索、感叹,更不须提起它的内涵的真或美了。

还有那一个个正方的形状,美丽的单字,每个字的构成,都是一首诗;每个字的沿革,都是一部历史。飙是三条狗的风:在秋高草枯的旷野上,天上是一片青,地上是一片赭,中疾的猎犬风一般快地驰过,嗅着受伤之兽在草中滴下的血腥,顺了方向追去,听到枯草飒索的响,有如秋风卷过去一般。昏是婚的古字:在太阳下了山,对面不见人的时候,有一群人骑着马，擎着红光闪闪的火把，悄悄向一个人家走近。等着到了竹篱柴门之旁的时候，在狗吠声中，趁着门还未闭，一声喊齐拥而入，让新郎从打麦场上挟起惊呼的新娘打马而回。同来的人则抵挡着新娘的父兄，做个不打不成交的亲家。

印书的字体有许多种：宋体挺秀有如柳字，麻沙体夭矫有如欧字，书法体娟秀有如褚字，楷体端方有如颜字。楷体是最常见的了。这里面又分出许多不同的种类来：一种是通行的正方体；还有一种是窄长的楷体，棱角最显；一种是扁短的楷体，浑厚颇有古风。还有写的书：或全体楷体，或半楷体，它们不单看来有一种密切的感觉，并且有时有古代的写本，很足以考证今本的印误，以及文字的假借。

如果在你面前的是一本旧书，则开章第一篇你便将看见许多朱色的印章，有的是雅号，有的是姓名。在这些姓名别号之中，你说不定可以发现古代的收藏家或是名倾一世的文人，那时候你便可以让幻想驰骋于这朱红的方场之中，构成许多缥缈的空中楼阁来。还有那些朱圈，有的圈得豪放，有的圈得森严，你可以就它们的姿态，以及它们的位置，悬想出读这本书的人是一个少年，还是老人，是一个放荡不羁的才子，还是老成持重的儒者。你也能借此揣摩出这主人翁的命运：他的书何以流散到了人间？是子孙不肖，将它舍弃了？是遭兵逃反，被一班庸奴偷窃出了他的藏书楼？还是运气不好，家道中衰，自己将它售卖了来填偿债务，或是支持家庭？书的旧主人是这样。我呢？我这书的今主人呢？他当时对着雕花的端砚，拿起新发的朱笔，在清淡的炉香气息中，圈点这本他心爱的书，那时候，他是绝想不到这本书的未来命运，他自己的未来命运，是个怎样结局的；正如这现在读着这本书的我，不能知道我未来的命运将要如何一般。

更进一层，让我们来想象那作书人的命运：他的悲哀，他的失望，无一不自然地流露在这本书的字里行间。让我们读的时候，时而跟着他啼，时而为他扼腕太息。要是，不幸上再加上不幸，遇到秦始皇或是董卓，将他一生心血呕成的文章，一把火烧为乌有；或是像《金瓶梅》《红楼梦》《水浒传》一般命运，被浅见者标作禁书，那更是多么可惜的事情呵！

天下事真是不如意的多。不讲别的，只说书这件东西，它是再与世无争也没有的了，也都要受这种厄运的摧残。至于那琉璃一般脆弱的美人，白鹤一般兀傲的文士，他们的遭忌更是不言可喻了。试想含意未伸的文人，他们在不得意时，有的樵采，有的放牛，不仅无异于庸人，并且备受家人或主子的轻蔑与凌辱；然而他们天生得性格倔强，世俗越对他白眼，他却越有精神。他们有的把柴挑在背后，拿书在手里读；有的骑在牛背上，将书挂在牛角上读；有的在蚊声如雷的夏夜，囊了萤照着书读；有的在寒风冻指的冬夜，拿了书映着雪读。然而时光是不等人的，等到他们学问已成的时候，眼光是早已花了，头发是早已白了，只是在他们的头额上新添加了一些深而长的皱纹。

咳！不如趁着眼睛还清朗，鬓发尚未成霜，多读一读"人生"这本书吧！

读书，永远不恨其晚。晚，比永远不读强。

漫谈读书

梁实秋

我们现代人读书真是幸福。古者,"著于竹帛谓之书",竹就是竹简,帛就是缣素。书是稀罕而珍贵的东西。一个人若能垂于竹帛,便可以不朽。孔子晚年读《易》,韦编三绝,用韧皮贯联竹简,翻来翻去以至于韧皮都断了,那时候读书多么吃力!后来有了纸,有了毛笔,书的制作比较方便,但在印刷之术未行之时,书的流传完全是靠抄写。我们看看唐人写经,以及许多古书的抄本,可以知道一本书得来非易。自从有了印刷术,刻版、活字、石印、影印,乃至显微胶片,读书的方便无以复加。

物以稀为贵。但是书究竟不是普通的货物,书是人类的智慧的结晶,经验的宝藏,所以尽管如今满坑满谷的都是书,书的价值也不是用金钱可以衡量的。价廉未必货色差,畅销未必内容好。书的价值在于其内容的精到。宋太宗每天读《太平御览》等书二卷，漏了一天则以后追补，他说："开卷有益，朕不以为劳也。"这是"开卷有益"一语之由来。《太平御览》采集群书一千六百余种，分为五十五门，历代典籍尽萃于是，宋太宗日理万机之暇日览两卷，当然可以说是"开卷有益"。如今我们的书太多了，纵不说粗制滥造，至少是种类繁多，接触的方面甚广。我们读书要有抉择，否则不但无益而且浪费时间。

那么读什么书呢？这就要看各人的兴趣和需要。在学校里，如果能在教师里遇到一两位有学问的，那是最幸运的事，他能适当地指点我们读书的门径。离开学校就只有靠自己了。读书，永远不恨其晚。晚，比永远不读强。有一个原则也许是值得考虑的：作为一个地道的中国人，有些书是非读不可的。这与行业无关。理工科的、财经界的、文法的，都需要读一些蔚成中国文化传统的书。经书当然是其中重要的一部分，史书也一样的重要。盲目地读经不可以提倡，意义模糊的所谓"国学"亦不能餍现代人之望。一系列的古书是我们应该以现代眼光去了解的。

黄山谷说："人不读书，则尘俗生其间，照镜则面目可憎，对人则语言无味。"细味其言，觉得似有道理。事实上，我们所看到的人，确实是面目可憎语言无味的居多。我曾思索，其中因果关系安在？何以不读书便面目可憎语言无味？我想也许是因为读书等于是尚友古人，而且那些古人著书立说必定是一时才俊,与古人游不知不觉受其熏染,终乃收改变气质之功,境界既高,胸襟既广,脸上自然透露出一股清醇爽朗之气,无以名之,名之曰书卷气。同时在谈吐上也自然高远不俗。反过来说,人不读书,则所为何事,大概是陷身于世网尘劳,困厄于名缰利锁,五烧六蔽,苦恼烦心,自然面目可憎,焉能语言有味?

当然,改变气质不一定要靠读书。例如,艺术家就另有一种修为。"伯牙学琴于成连先生,三年不成。成连言吾师方子春今在东海中,能移人情。乃与伯牙偕往,至蓬莱山,留伯牙宿,曰:'子居习之,吾将迎师。'刺船而去,旬时不返。伯牙延望无人,但闻海水湏洞崩拆之声,山林窅冥,群鸟悲号,怆然叹曰:'先生将移我情。'乃援琴而歌,曲成,成连刺船迎之而返。伯牙之琴,遂妙天下。"这一段记载,写音乐家之被自然改变气质,虽然神秘,不是不可理解的。禅宗教外别传,根本不立文字,靠了顿悟即能明心见性。这究竟是生有异禀的人之超绝的成就。以我们一般人而言,最简便的修养方法还是读书。

书,本身就有情趣,可爱,大大小小形形色色的书,立在架上,放在案头,摆在枕边,无往而不宜。好的版本尤其可喜。我对线装书有一分偏爱。吴稚晖先生曾主张把线装书一律丢在茅厕坑里,这偏激之言令人听了不大舒服。如果一定要丢在茅厕坑里,我丢洋装书,舍不得丢线装书。可惜现在线装书很少见了，就像穿长袍的人一样的稀罕。几十年前我搜求杜诗版本，看到古逸丛书影印宋版蔡孟弼《草堂诗笺》，真是爱玩不忍释手，想见原本之版面大，刻字精，其纸张墨色亦均属上选。在校勘上笺注上此书不见得有多少价值，可是这部书本身确是无上的艺术品。

我想，在人类的各种各样的享受中，别的享受都有尽头，读书却是长久的。只要还活着，还能用眼用脑，便能继续读书，继续享用这永不会失去美味的精神佳肴。

做一个读书人的幸福

赵丽宏

《语文学习》编辑约我写文章,谈谈关于读书的问题。就从我那篇被选入课本的散文《旷野的微光》谈起吧。

《旷野的微光》写于一九八〇年十月,当时我还是华东师大中文系的学生,坐在文史楼的大教室里写了这篇散文,写的是在崇明岛"插队落户"时的往事,是在孤独和闭塞中追寻理想和知识的情景。在偏僻乡野的一盏小油灯下,读书使我走出了困顿和颓丧,使艰辛的日子变得乐趣无穷。没有想到这篇文章日后会成为中学生的课文。我想,现在的青少年,读我写于二十多年前的这篇文章,可能会感到陌生,因为那确实是早已远去的上一个时代的生活。那时,读书非常艰难,找到一本好书,会像过节一样快乐。我想,如果没有当年这种追求和坚持,我一定不会有今天。读书可以丰富扩展一个人的精神世界,也可以改变人生。

现在我们所处的时代，是一个可以自由阅读的时代。像我当年那样千方百计觅书，偷偷摸摸读书的情景，恐怕不会再发生。现在的青少年，不愁没书读，愁的是没有时间读，愁的是书太多不知道读什么书好。我曾经担心，现在的中学生，课外阅读的范围越来越狭窄，能用于课外阅读的时间也越来越少，很多人已经丧失了阅读文学名著的兴趣和欲望，而其他与课程和考试无关的书，他们更是难有机会涉猎。这是一个令人担忧，也多少使人感到悲哀的现象。十多年前，我接待过英国女作家莱辛，她的一句话曾给我留下深刻印象，也使我共鸣。她说，在英国，有高学历的"野蛮人"越来越多。这些"野蛮人"，懂得最先进的科技知识，能操纵最复杂的机器，却缺乏情感，缺乏情趣，缺乏宽容博爱的精神。造成他们"野蛮"的原因，是他们不读文学作品。这样的话出自一位文学家之口，也许有人会认为失之偏颇，但她确实是指出了一个在现代社会具有普遍性的现象。我想，中国的年轻一代学子，决无理由成为这样的"野蛮人"。令我欣慰的是，这几年中，我很多次参与青少年的读书活动，发现青少年中还是有很多人喜欢读书，阅读的范围很广，数量也不小。在当评委读他们的读书笔记时，我也常常被他们活跃的思想和灵动的文笔打动。我相信，读书的时代，永远也不会结束，因为，对一个有文化的现代知识分子来说，任何知识都不会是多余的，而汲取知识的最重要的途径，便是读书，读那些有价值的好书，读那些能给人知识，给人启迪的书。读书能使人了解世界的浩瀚辽阔、人心的幽深博大，也能使人更热爱生命，热爱生活，激发起追寻真理、实现理想的欲望和激情。一本好书，可能是一个聪慧坚韧的人，用他所有的智慧和毕生的心血追求的成果和结晶，作为一个读者，我们用几个小时或者几天时间，就能了解一切，这样的好事情，何乐而不为？如果将读书的范围仅限于课堂教育规定的范畴，或者只是课本知识的有限补充，那实在太狭隘。必须明白这一点，我们的课外阅读，大多可能和学校的考试没有直接的关系，但是这样的阅读，对于少年人身心的成长，却是无比的重要。一个不喜欢读书的人，他的精神世界不可能丰富多彩，他的知识积累也不可能渊博厚实。我们说"知识的海洋"，其实也可以说是"书籍的海洋"，每个读书人都应该到这片大海中去远航，去浏览海中无穷无尽的迷人风光。

光有读书的欲望，恐怕还不行，还有一个怎样读书的问题。作为一个读者，我们不应该是一个简单的接受者，也应该是一个思想者，是一个参与者。读书的过程，是欣赏和接受的过程，也是思考和感悟的过程。如果能经常用自己的语言记录读书的感想，那将是一件极有意义的事情。当然，读书的过程，也可能是排斥的过程，因为，并不是所有的书都是有价值的，也不是所有的书都是有趣的。古人说"尽信书则不如无书"，很有道理。一个真正的读书人，应该通过自己的思考判定一本书是否值得读。

前些年，我出过一本读书随笔集，书名是"读书是永远的"，我为这本随笔集写过一篇短序，谈的是对读书的看法，附录在此，作为文本的结束吧：

人识了字，最大的实惠和快乐就是读书。书开阔了我的眼界，愉悦了我的身心，陶冶了我的性情，丰富了我的知识，升华了我的精神。不管什么时候，不管在什么地方，不管是什么心情，只要手头有可读的好书，一卷在握，便能沉浸其中，宠辱皆忘。很多年前，我一个人在偏僻的乡村"插队落户"，是书驱散了我的孤独，使我在灰暗的岁月中心存着对未来的希望，保持着对理想的憧憬。在一盏飘摇不定的油灯下，书引我远离封闭和黑暗，向我展现辽阔和光明。因为有了书，那段物质生活极其匮乏的日子变得很充实。我选择读书作为我的生活方式，选择书作为我的人生伴侣，实在是一件明智而幸运的事情。我想，在人类的各种各样的享受中，别的享受都有尽头，读书却是长久的。只要还活着，还能用眼用脑，便能继续读书，继续享用这永不会失去美味的精神佳肴。当然，把读书看作一种享受，须有一个前提，那就是你读的必须是有价值有趣味的好书。前不久，有一家报纸的读书副刊约我写一段谈读书的话，我写了如下文字："在黑夜里，书是烛火；在孤独中，书是朋友；

在喧嚣中，书使人沉静；在困懑时，书给人激情。读书使平淡的生活波涛起伏，读书也使灰暗的人生荧光四溢。有好书做伴，即便在狭小的空间，也能上天入地，振翅远翔，遨游古今。漫长曲折的历史和浩瀚无尽的宇宙，都能融会于心，化作滋养灵魂的清泉。"我想，这些话，应该是我的肺腑之言。

二〇〇四年六月十二日于四步斋

真正的阅读注定孤独。那是一颗心灵对另一颗心灵单独的捶击,那是已经成仙的老爷爷特为你讲的故事。

阅读是一种孤独

毕淑敏

阅读的感觉难以比拟。

它有些像吃。对头脑来说,渴望阅读的时刻必定虚怀若谷。假如脑袋装得满满当当,不断溢出香槟酒一样的泡沫,不论这泡沫是泛着金黄的铜彩还是热恋的粉红,都不宜于阅读,尤其是阅读名著。

头脑需嗷嗷待哺,像荒原上觅食的狼。人愈是年轻的时候,愈是贪吃。随着年龄的增长,我们吃得渐渐地少了,但要求渐渐地精了。我们知道了什么于我们有益,什么于我们无补,我们不必像小的时候,总要把整碗面都吃光,才知道碗底下并没有卧着个鸡蛋。我们以为是碗欺骗了我们,其实是缺少经验。有许多长寿的人,你问他常吃什么食品,他们回答说:什么都吃,并无特殊的禁忌。但有许多东西他们只尝一口,就能尖锐地判断出成色。我想老寿星的胃一定都是很坚强的,只有一个坚强的胃才能养活得了一个聪明的脑。读书也是一样，好的书，是人参燕窝熊掌，人生若不大快朵颐，岂不白在世上潇洒走过一回？坏的书，是腐肉砒霜氰化物，浪费了时间贻误了性命。关于读什么书好的问题，要多听老年人的意见，他们是有经验的水手。也许在航道的选择上有趋于保守的看法，但他们对于风暴的预测绝对准确。名著一般多是经过了许多年代的考验，是被大师们的智慧之磨研磨了无数遭的精品。读的时候，像烈火烹油的满汉全席，为大享乐。

它有些像睡。我小的时候，当我忧愁，当我病痛，当我莫名其妙烦躁的时候，妈妈总是摸着我的头说，去睡吧，睡一觉也许就好了。睡眠中真的蕴藏着奇妙的物质，起床的时候我们比躺下时信心倍增。阅读是一种精神的按摩，在书页中你嗅得见悲剧的泪痕，摸得着喜剧的笑靥，可以看清智者额头的皱纹，不敢碰撞勇士鲜血淋淋的创口……合上书的时候，你一下子苍老又顿时年轻。菲薄的纸页和人所共知的文字只是由于排列的不同，就使人的灵魂和它发生共振，为精神增添了新的钙质。当我们读完名著的最后一个字时，仿佛从酣然梦幻中醒来，重又生机盎然。

它有些像搏斗。阅读的时候，我们不断同书的作者争辩。我们极力想寻出破绽，作者则千方百计把读者柔软的思绪纳入他的模具。在这种智力的角斗中，我们往往败下阵来。但思维的力度却在争执中强硬了翅膀。在读名著时，我常常在看上一页的时候，揣测下一页的趋势。它们经常同我的想象悬殊。这时候我会很高兴，知道自己碰上了武林中的高手。大师们的著作像某一流派掌门人的秘籍，记载着绝世的功法。细细研读，琢磨他们的一招一式，会在潜移默化中悟出不可言传的韵律。只是江湖上的口诀多藏之深山传之密室，各个学科大师们的真迹却是唾手而得。由于它的廉价和平凡，人们常常忽视了它的价值。那是古往今来人类最智慧的大脑留给我们的结晶啊！我一次次在先哲们辉煌的思辨与精湛的匠艺面前顶礼膜拜，我一次次在无与伦比的语言搭配之下惊诧莫名……我战胜自己的怯懦不断地阅读它们，勇敢地从匍匐中站起。我知道大师们在高远的天际微笑着注视着后人，他们虽然灿烂却已经凝固。他们是秒表上固定了的纪录，是一根不再升高的横杆。今人虽然暗淡，但我们年轻。作为阅读者，我们还处在生命的不断蜕变之中，蛹里可能飞出美丽的蝴蝶。在阅读中，我们被征服。我们在较量中蓬勃了自身，迸发出从未有过的力量。

　　阅读是一种孤独。几个人共看一本书，那只是在极小的时候争抢连环画。它同看电影看录像听音乐会是那样的不同。前者是一块巨大的生日蛋糕，可以美味地共享，后者只是孤灯下的一盏清茶，只可独啜，倾听一个遥远的灵魂对你一个人的窃窃私语。它在不同的时间对不同的人说过同样的话，但你此时只感觉他在为你而歌唱。如果你不听，他也不会恼，只会无声地从书页里渗出悲悯的叹息。你啪地合上书，就把一代先哲幽禁在里面。但忍不住又要打开它，穿越历史的灰尘与他对话。

　　阅读名著不可以在太快乐的时光。人们在幸福的时候往往读不进书。快乐是一团粉红色的烟雾，易使我们的眼睛近视。名著里很少恭维幸运的话语，它们更多是苦难之蚌分泌的珍珠。

　　阅读名著也不可在富裕的时刻。阅读其实是思索的体操，富裕的膏脂太多时，脑子转动得就慢了。名著多半是智者饿着肚子时写成的，过饱者是不大读得懂饥饿的文字的。真正的阅读，可以发生在喧嚣的人海，也可以在冷峻的沙漠；可以在灯红酒绿的闹市，也可以在月影婆娑的海岛。无论周围有多少双眼睛，无论分贝达到怎样的嘈杂，真正的阅读注定孤独。那是一颗心灵对另一颗心灵单独的捶击，那是已经成仙的老爷爷特为你讲的故事。

我们应当如同相信自己一样地去读书,书会和我们融为一体。我们其实也是在读着自己。

阅读的要素

王安忆

阅读的第一要素，我想是信赖。相信我们所读到的东西，这常常是发生在我们少年时候。那个年龄，心灵像一张白纸，无条件地相信任何事情。书本给我们神圣的感觉，好比人生的老师。我们总是把书本上的话抄在日记本上，还总是将书本上的话赠来赠去。这是一个非常容易受影响的时期，是精神世界最初的建设时期。假如我们幸运地读到真正的好书，那么，一生都将受益无穷。不过，很多时候的情况则是恰恰相反。但是，尽管是这样一个不安全的时期，我也以为怀疑主义是最大的不幸。这会使我们丧失阅读的最大乐趣——那种满怀情感的接受，那种对充实内心的渴望。怀疑设立的防线又会使自己孤立，久而久之，内心便将寂寞又空虚。

当我们逐渐成长起来之后，我们便也逐渐形成了对这个世界的看法。它不仅来自阅读，更来自直接的经验。假如我们依然热爱阅读，并且依然对阅读保持信赖，便会自觉地去芜存精，选择那些真正的好书。前段时期阅读好书的经历帮助了我们，从人生中得到的真情实感也帮助了我们。阅读和阅历使我们几乎是本能地懂得哪些是好书，哪些是那种写作者以诚实与信赖写下来的文字。我们仍然以信赖的态度读书，而这时候的信赖却是一种理性的信赖。我们和书本之间建立起一种平等的关系，书本是我们的朋友。理性的信赖还可有效地抵御怀疑主义的侵害。这时候的阅读对于拓展我们不免狭窄的个人经验大有好处。假如个人经验偏于悲观，它便提供给光明的景象；假如个人经验偏于万事无忧，它则提醒我们不幸的存在，它可使我们保持乐观、良善、开阔的精神。在一个人对世界的观念已经形成的中年阶段，阅读可为我们做出补充和修正，使之达到健康完美的境地。

晚年时的阅读信赖，我想应是建立在宽容之上。因为这时候的经验已经成熟到可与任何书本做一个比较，这是该做出结论的时期。假如前两个阶段我们保持了阅读的良性循环，这时便能够再上升一格。在持有自己的经验与结论的同时，善解并诚挚地去观看别人的人生所得，看到人类无穷多的心灵景观。这时候，我们应当如同相信自己一样地去读书，书会和我们融为一体。我们其实也是在读着自己。这时候的自己，应该有一颗能够包容一切的心灵，读书就提供了这样的好机会。当然，我这里指的是人类写下的最好的那类书。

Part 3

读书要有选择

有的作家的书,你一看就看进去了,那么看下去吧;
有的作家的书,看不进去,就别看!

其实历尽沧桑的成年人都知道,最重要的是自身生命的质量,生命的质量需要锻铸,阅读是锻铸的重要一环。

阅读的最大理由是摆脱平庸

余秋雨

我出生在一个偏僻的山村,这儿的人都不识字,妈妈从外面来了,她是这儿第一个识字的人,此后办起了识字班、学校。学校有个图书室,书不多,老师定下一个苛刻的制度,要写一百个毛笔小楷才可借得一本书。读书使人认识了外面的世界,现在我们家乡的人已经很富裕。

有人认为一个人的成功是靠社会关系、机遇、方向的正确选择等等,我认为都是次要的。我觉得,很多时候是一个人偶然看到的几本书,从这些书里面的某些地方获得了力量,从而把他拉出了平庸。只要跨过山坡,人生就不一样了。

努力读第一流的书

读书的横向并不最重要,纵向才是重要的。所谓横向就是指各个专业,理工农医等;所谓纵向就是指梯度,所谓的一、

二、三流。各学科的最高等级都是合在一起的。

像爱因斯坦去世前,有人问他感到最遗憾的是什么,他说的不是再也不能研究相对论了,而是说再也不能欣赏莫扎特了。

从事什么专业并不重要,关键是要找最高等级,要寻找"山顶","山顶"也许永远不会到达,但光辉会一直照耀着你!

看和自己有缘分的书

有人认为自己出生的地界、国家等等会决定自己的喜好。其实是错误的,出身并不决定你和什么有缘分,也就是和谁有同构关系。文学无国界,文学是不等同于社会学的领域。比如,安徒生是丹麦人,丹麦语也是一个小语种,但世界上很多人都喜欢他的作品。所以,你可能喜欢欧美的、日本的作家,也可能喜欢非洲的。在阅读中寻找和自己有同构关系的书,其实,也是在寻找自我。

阅读的最大理由是想摆脱平庸。一个人如果在青年时期就开始平庸,那么今后要摆脱平庸就十分困难。

何谓平庸?平庸是一种被动而又功利的谋生态度。平庸者什么也不缺少,只是无感于外部世界的精彩、人类历史的厚重、终极道义的神圣、生命含义的丰富。他们失去的这一切,光凭一个人有限的人生经历是无法获得的,因此平庸的队伍总是相当庞大。黄山谷说过:"人胸中久不用古今浇灌,则尘俗生其间。照镜觉面目可憎，对人亦语言无味。"这就是平庸的写照。黄山谷认为要摆脱平庸，就要"用古今浇灌"。

只有书籍，能把辽阔的空间和漫长的时间浇灌给你，能把一切高贵生命早已飘散的信号传递给你，能把无数的智慧和美好对比着愚昧和丑陋一起呈现给你。区区五尺之躯，短短几十年光阴，居然能驰骋古今，经天纬地，这种奇迹的产生，至少有一半要归功于阅读。

如此好事，如果等到成年后再来匆匆弥补就有点可惜了，最好在青年时就进入。早一天，就多一分人生的精彩；迟一天，就多一天平庸的困扰。青年人稚嫩的目光常常产生偏差，误以为是出身、财富、文凭、机运使有的人超乎一般，其实历尽沧桑的成年人都知道，最重要的是自身生命的质量，生命的质量需要锻铸，阅读是锻铸的重要一环。

古人云:"开卷有益。"有人反对,说看书应有选择。我觉得,只要是书,翻开来读读,都是有好处的,即便是一本老年间的皇历。

谈读杂书

汪曾祺

读杂书,是很好的休息

我读书很杂,毫无系统,也没有目的。随手抓起一本书来就看。觉得没意思,就丢开。我看杂书所用的时间比看文学作品和评论要多得多。常看的是有关节令风物民俗的,如《荆楚岁时记》《东京梦华录》。其次是方志、游记,如《岭表录异》《岭外代答》。讲草木虫鱼的书我也爱看,如法布尔的《昆虫记》,吴其濬的《植物名实图考》《花镜》。讲正经学问的书,只要写得通达而不迂腐的也很好看,如《癸巳类稿》。《十驾斋养新录》差一点,其中一部分也挺好玩。我也爱读书论、画论。有些书无法归类,如《宋提刑洗冤录》,这是讲验尸的。有些书本身内容就很庞杂,如《梦溪笔谈》《容斋随笔》之类的书,只好笼统地称之为笔记了。

读杂书至少有以下几种好处:第一,这是很好的休息。泡一杯茶懒懒地靠在沙发里，看杂书一册，这比打扑克要舒服得多。第二，可以增长知识，认识世界。我从法布尔的书里知道知了原来是个聋子，从吴其濬的书里知道古诗里的葵就是湖南、四川人现在还吃的冬苋菜，实在非常高兴。第三，可以学习语言。杂书的文字都写得比较随便，比较自然，不是正襟危坐，刻意为文，但自有情致，而且接近口语。一个现代作家从古人学语言，与其苦读《昭明文选》、"唐宋八大家"，不如多看杂书。这样较易融入自己的笔下。这是我的一点经验之谈。青年作家，不妨试试。第四，从杂书里可以悟出一些写小说、写散文的道理，尤其是书论和画论。包世臣《艺舟双楫》云："吴兴书笔，专用平顺，一点一画，一字一行，排次顶接而成。古帖字体，大小颇有相径庭者，如老翁携幼孙行，长短参差，而情意真挚，痛痒相关。吴兴书如士人入隘巷，鱼贯徐行，而争先竞后之色，人人见面，安能使上下左右空白有字哉！"他讲的是写字，写小说、散文不也正当如此吗？小说、散文的各部分，应该"情意真挚，痛痒相关"，这样才能做到"形散而神不散"。

书到用时

我曾经想写一短文，谈中国人的吃葱，想引用两句谚语："宁吃一斗葱，莫逢屈突通。"说明中国有些人是怕吃葱的。屈突通想必是个很残暴的人。但是他是哪一朝代的人，他做过什么事,为什么叫人望而生畏,却不甚了了。这一则谚语只好放弃。好像是《梦溪笔谈》上说过,对于读书"用即不错,问却不会"。很多人也像我一样,对于人物、典故能用,但是出处和意义不明白,记不住。知其然而不知其所以然。这样读书实在是把时间白白地浪费了。

我曾有过一本影印的汤显祖评点本《董西厢》,我很喜欢这本书。汤显祖是大戏曲作家,又是大戏曲评论家。他的评点非常深刻,非常生动。他的语言也极富才华。单是读评点文章,就是很大的享受,比现在的评论家不知道要强多少倍——现在的评论家的文章特点,几乎无一例外:啰唆!汤显祖谈《董西厢》的结尾有两种。一是"煞尾",一是"度尾"。"煞尾"如"骏马收缰,寸步不移";"度尾"如"画舫笙歌,从远处来,过近处,又向远处去"。这样用比喻写感受,真是妙喻!我很喜欢"汤评"。经常要翻一翻。这本书为一戏曲史家借去不还。我不蓄图书,书丢了就丢了,这本书丢了却叫我多年耿耿,因为在写文章时不能准确地引用,只能凭记忆背出来,字句难免有出入。——汤显祖为文是字字都精致讲究的。

为什么读书?是为了写作。朱光潜先生曾说,为了写作而读书,比平常地读书的理解、记忆要深刻,这是非常正确的经验之谈。即使是写写随笔、笔记,也比空过了强。毛泽东尝言:不动笔墨不读书,肯哉斯言。

开卷有益

在我十一二岁的时候,一年暑假,我在我们家花厅的尘封书架上找到一套巾箱本木活字的丛书,抽出一本《岭表录异》看起来,看得津津有味。接着又看了《岭外代答》。从此我就对笔记、游记发生很大的兴趣。一直到现在,还是这样。这一类的文字简练朴素而有情致,对我的作品的语言风格是有影响的。

我从小学五年级到初中一二年级,教国文的老师都是高北溟先生。高先生教过的课文中给我印象最深的是归有光的《先妣事略》和《项脊轩志》。有一年暑假,高先生教了我郑板桥的家书和道情。我后来从高先生那里借来郑板桥的全集,通读了一遍。郑板桥的元白体的诗和接近口语的散文,他的诗文中的蔼然的仁者之心,使我深受感动。全集是板桥手写刻印的,看看他的书法,也是一种享受。

有一年暑假,我从韦子廉先生读了几十篇桐城派的古文。"桐城义法",未可厚非。桐城派并不全是"谬种"。我以为中学生读几篇桐城派古文是有好处的,比如姚鼐的《登泰山记》、方苞的《左忠毅公逸事》。

我读书的高中江阴南菁中学注重数理化,功课很紧,课外阅读时间不多,但也不是完全没有。我买了一套胡云翼编的《词学小丛书》;在做完习题后或星期天,就一首一首抄写起来,字是寸楷行书。这样就读了词也练了字。抄写,我以为是读诗词的好办法。读词，带有一定的偶然性，因为买了一套《词学小丛书》；同时词里大都有一种感伤情绪，流连光景惜朱颜，和一个中学生的感情易于合拍。

江南失陷，我不能到南菁中学读书，避居乡下，住在我的小说《受戒》所写的一个庵里。随身所带的书，除了数理化教科书外，只有一本屠格涅夫的《猎人笔记》，一本上海的"野鸡书店"盗印的《沈从文选集》。我于是反反复复地看这两本书。可以说，这两本书引导我走上了文学道路，并且一直对我的作品从内到外产生极为深远的影响。

我在昆明西南联大读了中文系，选读了沈从文先生的三门课，各体文习作、创作实习和中国小说史，是沈先生名副其实的入室弟子。沈先生为了教课所需，收罗了很多文学作品，古今中外，各种流派都有。他架上的书，我陆陆续续，几乎全部都借来读过。外国作家里我最喜爱的是契诃夫和一个西班牙作家阿索林。因为，他们有点像我，在气质上比较接近。

作为一个文学爱好者，或有志成为作家的青年，应该博览群书，但是可以有所侧重，有所偏爱。一个作家，应该认识自己，知道自己的气质。而认识自己的气质之一法，是看你偏爱哪些作家的书。有的作家的书，你一看就看进去了，那么看下去吧；有的作家的书，看不进去，就别看！比如巴尔扎克，我承认他很伟大，但是我就是不喜欢，你其奈我何！

我主张看书看得杂一些，即不只看文学书，文学之外的书也都可以看看。比如我爱看吴其濬的《中国植物名实图考》，法布尔的《昆虫记》。有的书，比如讲古代的仵作（法医）验尸的书《宋提刑洗冤录》，看看，也怪有意思。

古人云："开卷有益。"有人反对，说看书应有选择。我觉得，只要是书，翻开来读读，都是有好处的，即便是一本老年间的皇历。

（本文选入时经过重新编排，有删减）

我们读书不应该是为了旁的,而应该主要是为了用前人经验和知识来提高自己,武装自己,以便去继续征服自然与改造社会。

读书要有选择

何其芳

说来惭愧,读了二十多年的书了,很长一段时间我都是盲目地读着的。那些时候,假若有人突然问我:"你为什么要读书?""你读书的目的何在?"我会茫然找不到回答。

"万般皆下品,唯有读书高。"这是封建社会的传统的读书观:读书是为了做官。

像鲁迅先生的诗句所说的:"无聊才读书。"因为脱离了现实与人群而感到寂寞才钻到书里;但越钻到书里就越脱离了现实与人群,越感到寂寞。这或者也是一种读书观吧:读书是为了破除无聊。

不用说,为了做官也好,为了破除无聊也好,这些读书观都是要不得的。

我们读书不应该是为了旁的,而应该主要是为了用前人经验和知识来提高自己,武装自己,以便去继续征服自然与改造社会。

把我的读书经验总结起来，这就是第一条：我们首先应该建立一种正确的读书观。

我们对于许多书籍都应该心怀警戒，笼统地接受，不假思索地信从，我们往往就会被愚弄的。

这也是一条我的读书经验：应该批判地读书，应该养成批判态度与批判能力。

什么是我们判断它们的标准呢？

客观实践是真理的最后标准。然而我们不可能每读一本书只有等待实践来证明，于是某些基本知识的获得和科学方法的掌握就很必要了。凭着正确的知识和思想方法，凭着不断的实际的运用，我们是可以逐渐养成，逐渐提高我们的批判能力的。

因此，起码的社会科学知识，以及起码的新哲学知识，这是无论打算专门学什么的人都应该学的共同课程。只要我们不是停止于词句的记诵，而是用它们去观察问题，分析问题，并解决问题，我们就可以逐渐获得科学的思想方法。对于我们读书和做事，正确的思想方法的获得是比什么都重要的。

这样的要求当然非旧社会的学校的功课所能满足。我们只有自己读课外书。

这又一条读书经验概括为一句话就是这样：读课外书，而且有计划地读一些进步的社会科学书、新哲学书，这样来提高我们的批判能力。

（本文选入时标题有改动，内容有删减）

我读书没系统。借着什么,买着什么,遇着什么,就读什么。不懂的放下,使我糊涂的放下,没趣味的放下,不客气。我不能叫书管着我。

读书

老舍

若是学者才准念书,我就什么也不要说了。大概书不是专为学者预备的;那么,我可要多嘴了。

从我一生下来直到如今,没人盼望我成个学者;我永远喜欢服从多数人的意见。可是我爱念书。

书的种类很多,能和我有交情的可很少。我有决定念什么的全权;自幼儿我就会逃学,愣挨板子也不肯说我爱《三字经》和《百家姓》。对,《三字经》便可以代表一类——这类书,据我看,顶好在判了无期徒刑以后去念,反正活着也没多大味儿。这类书可真不少,不知道为什么;也许是犯无期徒刑罪的太多;要不然便是太少——我自己就常想杀些写这类书的人。我可是还没杀过一个,一来是因为——我才明白过来——写这样书的人敢情有好些已经死了,比如写《尚书》的那位李二哥。二来是因为现在还有些人专爱念这类书,我不便得罪人太多了。顶好,我看是不管别人;我不爱念的就不动好了。好在,我爸爸没希望我成个学者。

第二类书也与咱无缘:书上满是公式,没有一个"然而"和"所以"。据说,这类书里藏着打开宇宙秘密的小金钥匙。我倒久想明白点真理,如地球是圆的之类;可是这种书别扭,它老瞪着我。书不老老实实地当本书,瞪人干吗呀?我不能受这个气!有一回,一位朋友给我一本《相对论原理》,他说:明白这个就什么都明白了。我下了决心去念这本宝贝书。读了两个"配纸",我遇上了一个公式。我跟它"相对"了两点多钟!往后边一看,公式还多了去啦!我知道和它们"相对"下去,它们也许不在乎,我还活着不呢?

可是我对这类书,老有点敬意。这类书和第一类有些不同,我看得出。第一类书不是没法懂,而是懂了以后使我更糊涂。以我现在的理解力——比上我七岁的时候,我现在满可以做圣人了——我能明白"人之初,性本善"。明白完了,紧跟着就糊涂了;昨儿个晚上,我还挨了小女儿——玫瑰唇的小天使——一个嘴巴。我知道这个小天使性本不善,她才两岁。第二类书根本就看不懂,可是人家的纸上没印着一句废话;懂不懂的,人家不闹玄虚,它瞪我,或者我是该瞪。我的心这么一软,便把它好好放在书架上;好打好散,别太伤了和气。

这要说到第三类书了。其实这不该算一类,就这么算吧,顺嘴。这类书是这样的：名气挺大，念过的人总不肯说它坏，没念过的人老怪害羞地说将要念。譬如说《元曲》，太炎"先生"的文章，罗马的悲剧，辛克莱的小说，《大公报》——不知是哪儿出版的一本书——都算在这类里，这些书我也都拿起来过，随手便又放下了。这里还就数那本《大公报》有点劲。我不害羞，永远不说将要念。好些书的广告与威风是很大的，我只能承认那些广告做得不错，谁管它威风不威风呢。

"类"还多着呢，不便再说；有上面的三项也就足以证明我怎样的不高明了。该说读的方法。

怎样读书，在这里，是个自决的问题；我说我的，没勉强谁跟我学。第一，我读书没系统。借着什么，买着什么，遇着什么，就读什么。不懂的放下，使我糊涂的放下，没趣味的放下，不客气。我不能叫书管着我。

第二，读得很快，而不记住。书要都叫我记住，还要书干吗？书应该记住自己。对我，最讨厌的发问是："那个典故是哪儿的呢？""那句书是怎么来着？"我永不回答这样的考问，即使我记得。我又不是印刷器养的，管你这一套！

读得快，因为我有时候跳过几页去。不合我的意，我就练习跳远。书要是不服气的话，来跳我呀！看侦探小说的时候，我先看最后的几页，省事。

第三，读完一本书，没有批评，谁也不告诉。一告诉就糟："嘿，你读《啼笑因缘》？"要大家都不读《啼笑因缘》，人家写它干吗呢？一批评就糟："尊家这点意见？"我不惹气。读完一本书再打通儿架，不上算。我有我的爱与不爱，存在我自己心里。我爱念什么就念，有什么心得我自己知道这是种享受，虽然显得自私一点。

再说呢，我读书似乎只要求一点灵感。"印象甚佳"便是好书，我没工夫去细细分析它，所以根本便不能批评。"印象甚佳"有时候并不是全书的，而是书中的一段最入我的味，因为这一段使我对这全书有了好感；其实这一段的美或者正足以破坏了全体的美，但是我不去管；有一段叫我喜欢两天的，我就感谢不尽。因此，设若我真去批评，大概是高明不了。

第四，我不读自己的书，不愿谈论自己的书。"儿子是自己的好"，我还不晓得，因为自己还没有过儿子。有个小女儿，女儿能不能代表儿子，就不得而知。"老婆是别人的好"，我也不敢加以拥护，特别是在家里。但是我准知道，书是别人的好。别人的书自然未必都好，可是至少给我一点我不知道的东西。自己的，一提都头疼！自己的书，和自己的运气，好像永远是一对儿累赘。

第五，哼，算了吧。

说到读书,似乎是很明白的事,只要拿书来读就是了,但是并不这样简单。至少,就有两种:一是职业的读书,一是嗜好的读书。

读书杂谈

鲁迅

说到读书,似乎是很明白的事,只要拿书来读就是了,但是并不这样简单。至少,就有两种:一是职业的读书,一是嗜好的读书。所谓职业的读书者,譬如学生因为升学,教员因为要讲功课,不翻翻书,就有些危险的就是。我想在座的诸君之中一定有些这样的经验,有的不喜欢算学,有的不喜欢博物[1],然而不得不学,否则,不能毕业,不能升学,和将来的生计便有妨碍了。我自己也这样,因为做教员,有时即非看不喜欢看的书不可,要不这样,怕不久便会于饭碗有妨。我们习惯了,一说起读书,就觉得是高尚的事情,其实这样的读书,和木匠的磨斧头,裁缝的理针线并没有什么分别,并不见得高尚,有时还很苦痛,很可怜。你爱做的事,偏不给你做,你不爱做

---

1 博物,旧时中学的一门课程,包括动物、植物、矿物等学科的内容。

的，倒非做不可。这是由于职业和嗜好不能合一而来的。倘能够大家去做爱做的事，而仍然各有饭吃，那是多么幸福。但现在的社会上还做不到，所以读书的人们的最大部分，大概是勉勉强强的，带着苦痛的为职业的读书。

现在再讲嗜好的读书罢。那是出于自愿，全不勉强，离开了利害关系的。——我想，嗜好的读书，该如爱打牌的一样，天天打，夜夜打，连续地去打，有时被公安局捉去了，放出来之后还是打。诸君要知道真打牌的人的目的并不在赢钱，而在有趣。牌有怎样的有趣呢，我是外行，不大明白。但听得爱赌的人说，它妙在一张一张地摸起来，永远变化无穷。我想，凡嗜好的读书，能够手不释卷的原因也就是这样。他在每一页每一页里，都得着深厚的趣味。自然，也可以扩大精神，增加智识的，但这些倒都不计及，一计及，便等于意在赢钱的博徒了，这在博徒之中，也算是下品。

不过我的意思，并非说诸君应该都退了学，去看自己喜欢看的书去，这样的时候还没有到来；也许终于不会到，至多，将来可以设法使人们对于非做不可的事发生较多的兴味罢了。我现在是说，爱看书的青年，大可以看看本分以外的书，即课外的书，不要只将课内的书抱住。但请不要误解，我并非说，譬如在国文讲堂上，应该在抽屉里暗看《红楼梦》之类；乃是说，应做的功课已完而有余暇，大可以看看各样的书，即使和本业毫不相干的，也要泛览。譬如学理科的，偏看看文学书，学文学的,偏看看科学书,看看别个在那里研究的,究竟是怎么一回事。这样子,对于别人、别事,可以有更深的了解。现在中国有一个大毛病,就是人们大概以为自己所学的一门是最好、最妙、最要紧的学问,而别的都无用,都不足道的,弄这些不足道的东西的人,将来该当饿死。其实是,世界还没有如此简单,学问都各有用处,要定什么是头等还很难。也幸而有各式各样的人,假如世界上全是文学家,到处所讲的不是"文学的分类"便是"诗之构造",那倒反而无聊得很了。

不过以上所说的,是附带而得的效果,嗜好的读书,本人自然并不计及那些,就如游公园似的,随随便便去,因为随随便便,所以不吃力,因为不吃力,所以会觉得有趣。如果一本书拿到手,就满心想道:"我在读书了!""我在用功了!"那就容易疲劳,因而减掉兴味,或者变成苦事了。

我看现在的青年,为兴味的读书的是有的,我也常常遇到各样的询问。此刻就将我所想到的说一点,但是只限于文学方面,因为我不明白其他的。

第一,是往往分不清文学和文章。甚至于已经来动手做批评文章的,也免不了这毛病。其实粗粗地说,这是容易分别的。研究文章的历史或理论的,是文学家,是学者;做做诗,或戏曲小说的,是做文章的人,就是古时候所谓文人,此刻所谓创作家。创作家不妨毫不理会文学史或理论,文学家也不妨做不出一句诗。然而中国社会上还很误解,你做几篇小说,便以为你一定懂得小说概论,做几句新诗,就要你讲诗之原理。我也尝见想做小说的青年,先买小说法程和文学史来看。据我看来,是即使将这些书看烂了,和创作也没有什么关系的。

事实上,现在有几个做文章的人,有时也确去做教授。但这是中国创作不值钱,养不活自己的缘故。听说美国小名家的一篇中篇小说,时价是二千美金;中国呢,别人我不知道,我自己的短篇寄给大书铺,每篇卖过二十元。当然要寻别的事,例如教书,讲文学。研究是要用理智,要冷静的,而创作须情感,至少总得发点热,于是忽冷忽热,弄得头昏——这也是职业和嗜好不能合一的苦处。苦倒也罢了,结果还是什么都弄不好。那证据,是试翻世界文学史,那里面的人,几乎没有兼做教授的。

还有一种坏处,是一做教员,未免有顾忌;教授有教授的架子,不能畅所欲言。这或者有人要反驳:那么,你畅所欲言就是了,何必如此小心。然而这是事前的风凉话,一到有事,不知不觉地他也要从众来攻击的。而教授自身,纵使自以为怎样放达,下意识里总不免有架子在。所以在外国,称为"教授小说"的东西倒并不少,但是不大有人说好,至少,是总难免有令人发烦的炫学的地方。

所以我想,研究文学是一件事,做文章又是一件事。

第二,我常被询问:要弄文学,应该看什么书?这实在是一个极难回答的问题。先前也曾有几位先生给青年开过一大篇书目。但从我看来，这是没有什么用处的，因为我觉得那都是开书目的先生自己想要看或者未必想要看的书目。我以为倘要弄旧的呢，倒不如姑且靠着张之洞的《书目答问》去摸门径去。倘是新的，研究文学，则自己先看看各种的小本子，如本间久雄的《新文学概论》，厨川白村的《苦闷的象征》，瓦浪斯基们的《苏俄的文艺论战》之类，然后自己再想想，再博览下去。因为文学的理论不像算学，二二一定得四，所以议论很纷歧。如第三种，便是俄国的两派的争论，——我附带说一句，近来听说连俄国的小说也不大有人看了，似乎一看见"俄"字就吃惊，其实苏俄的新创作何尝有人介绍，此刻译出的几本，都是革命前的作品，作者在那边都已经被看作反革命的了。倘要看看文艺作品呢，则先看几种名家的选本，从中觉得谁的作品自己最爱看，然后再看这一个作者的专集，然后再从文学史上看看他在史上的位置；倘要知道得更详细，就看一两本这人的传记，那便可以大略了解了。如果专是请教别人，则各人的嗜好不同，总是格不相入的。

第三，说几句关于批评的事。现在因为出版物太多了，——其实有什么呢，而读者因为不胜其纷纭，便渴望批评，于是批评家也便应运而起。批评这东西，对于读者，至少对于和这批评家趣旨相近的读者，是有用的。但中国现在，似乎应该暂作别论。往往有人误以为批评家对于创作是操生杀之权，占文坛的最高位的，就忽而变成批评家；他的灵魂上挂了刀。但是怕自己的立论不周密,便主张主观,有时怕自己的观察别人不看重,又主张客观;有时说自己的作文的根柢全是同情,有时将校对者骂得一文不值。凡中国的批评文字,我总是越看越糊涂,如果当真,就要无路可走。印度人是早知道的,有一个很普通的比喻。他们说:一个老翁和一个孩子用一匹驴子驮着货物去出卖,货卖去了,孩子骑驴回来,老翁跟着走。但路人责备他了,说是不晓事,叫老年人徒步。他们便换了一个地位,而旁人又说老人忍心;老人忙将孩子抱到鞍鞯上,后来看见的人却说他们残酷;于是都下来,走了不久,可又有人笑他们了,说他们是呆子,空着现成的驴子却不骑。于是老人对孩子叹息道,我们只剩了一个办法了,是我们两人抬着驴子走。无论读,无论做,倘若旁征博访,结果是往往会弄到抬驴子走的。

不过我并非要大家不看批评,不过说看了之后,仍要看看本书,自己思索,自己做主。看别的书也一样,仍要自己思索,自己观察。倘只看书,便变成书橱,即使自己觉得有趣,而那趣味其实是已在逐渐硬化,逐渐死去了。我先前反对青年躲进研究室,也就是这意思,至今有些学者,还将这话算作我的一条罪状哩。

听说英国的培那特萧(Bernard Shaw)[1],有过这样意思的

---

[1] 培那特萧,通译萧伯纳(1856—1950),爱尔兰作家。

话：世间最不行的是读书者。因为他只能看别人的思想艺术，不用自己。这也就是勖本华尔（Schopenhauer）[1]之所谓脑子里给别人跑马。较好的是思索者。因为能用自己的生活力了，但这不免是空想，所以更好的是观察者，他用自己的眼睛去读世间这一部活书。

这是的确的，实地经验总比看、听、空想确凿。我先前吃过干荔枝，罐头荔枝，陈年荔枝，并且由这些推想过新鲜的好荔枝。这回吃过了，和我所猜想的不同，非到广东来吃就永不会知道。但我对于萧的所说，还要加一点骑墙的议论。萧是爱尔兰人，立论也不免有些偏激的。我以为假如从广东乡下找一个没有历练的人，叫他从上海到北京或者什么地方，然后问他观察所得，我恐怕是很有限的，因为他没有练习过观察力。所以要观察，还是先要经过思索和读书。

总之，我的意思是很简单的：我们自动地读书，即嗜好的读书，请教别人是大抵无用，只好先行泛览，然后决择而入于自己所爱的较专的一门或几门；但专读书也有弊病，所以必须和实社会接触，使所读的书活起来。

（本文选入时有删减）

---

[1] 勖本华尔，通译叔本华（1788—1860），德国哲学家。

某年的六一国际儿童节，有个儿童刊物要我给儿童写几句指导读书的话，我只写了九个字，就是：读书好，多读书，读好书。

忆读书

冰心

一谈到读书,我的话就多了!

我自从会认字后不到几年,就开始读书。倒不是四岁时读母亲教给我的商务印书馆出版的国文教科书第一册的"天、地、日、月、山、水、土、木"以后的那几册,而是七岁时开始自己读的"话说天下大势,分久必合,合久必分……"的《三国演义》。

那时我的舅父杨子敬先生每天晚饭后必给我们几个中表兄妹讲一段《三国演义》,我听得津津有味,什么"宴桃园豪杰三结义,斩黄巾英雄首立功",真是好听极了。但是他讲了半个钟头,就停下去干他的公事了。我只好带着对于故事下文的无限悬念,在母亲的催促下,含泪上床。

此后,我决定咬了牙,拿起一本《三国演义》来,自己一知半解地读了下去,居然越看越懂,虽然字音都读得不对,比如把"凯"念作"岂",把"诸"念作"者"之类,因为我只学过那个字一半部分。

谈到《三国演义》,我第一次读到关羽死了,哭一了场,把书丢下了。第二次再读时,到诸葛亮死了,又哭了一场,又把书丢下了。最后忘了是什么时候才把全书读到"分久必合"的结局。

这时我同时还看了母亲针线笸箩里常放着的那几本《聊斋志异》,聊斋故事是短篇的,可以随时拿起放下,又是文言的,这对于我的作文课很有帮助,因为我的作文老师曾在我的作文本上批着"柳州风骨,长吉清才"的句子,其实我那时还没有读过柳宗元和李贺的文章,只因那时的作文,都是用文言写的。

因为看《三国演义》引起了我对章回小说的兴趣,对于那部述说"官迫民反"的《水浒传》尤其欣赏。那部书里着力描写的人物,如林冲——林教头风雪山神庙一回,看了使我气愤填胸!——武松、鲁智深等人,都有其自己极其生动的风格,虽然因为作者要凑成三十六天罡七十二地煞勉勉强强地写满了一百零八人的数目,我觉得也比没有人物个性的《荡寇志》强多了。

《精忠说岳》并没有给我留下太大的印象,虽然岳飞是我从小就崇拜的最伟大的爱国英雄。在此顺便说一句,我酷爱古典诗词,但能够从头背到底的,只有岳武穆的《满江红》"怒发冲冠"那一首，还有就是李易安的《声声慢》，她那几个叠字："寻寻觅觅……，凄凄惨惨戚戚……"写得十分动人，尤其是以"寻寻觅觅"起头，描写尽了"若有所失"的无聊情绪。

到得我十一岁时，回到故乡的福州，在我祖父的书桌上看到了林琴南老先生送给他的《茶花女遗事》，使我对于林译外国小说产生了广泛的兴趣。那时只要我手里有几角钱，就请人去买林译小说来看，又使我知道了许多外国的人情世故。

《红楼梦》是在我十二三岁时候看的，起初我对它的兴趣并不大，贾宝玉的女声女气，林黛玉的哭哭啼啼，都使我厌烦，还是到了中年以后再拿起这部书看时，才尝到"满纸荒唐言，一把辛酸泪"，一个朝代和家庭的兴亡盛衰的滋味。

总而言之，统而言之，我这一辈子读到的中外的文艺作品，不能算太少。我永远感到读书是我生命中最大的快乐！从读书中我还得到了做人处世的"独立思考"的大道理，这都是从《修身》课本中所得不到的。

我自一九八六年到日本访问回来后即因伤腿闭门不出，"行万里路"做不到了，"读万卷书"更是我唯一的消遣。我每天都会得到许多书刊，知道了许多事情，也认识了许多人物。同时，书看多了，我也会挑选、比较。比如说看了精彩的《西游记》就会丢下烦琐的《封神榜》，看了人物如生的《水浒传》就不会看索然无味的《荡寇志》等等。对于现代的文艺作品，那些写得朦朦胧胧的、堆砌了许多华丽的词句的、无病而呻、自作多情的风花雪月的文字，我一看就从脑中抹去；但是那些满带着真情实感、十分质朴浅显的篇章，哪怕只有几百几千字，也往往使我心动神移，不能自已！

书看多了，从中也得到一个体会：物怕比，人怕比，书也怕比，"不比不知道，一比吓一跳"。

因此，某年的六一国际儿童节，有个儿童刊物要我给儿童写几句指导读书的话，我只写了九个字，就是：

读书好，多读书，读好书。

一九八九年九月八日清晨

国际扫盲日、中国教师节前夕

一个研究文学的人,自然要广为阅览,以便分析比较。但是,这是专家的工作,一般人不宜借口要博阅广见而一视同仁,不辨好坏,抓住什么读什么。

选择与鉴别——怎样阅读文艺书籍

老舍

吃东西要有选择：吃有营养的，不吃有毒的。

对精神食粮也必须选择：好书，开卷有益；坏书，开卷有害，可能有很大的害。

在旧社会里，有些人以编写坏书或贩卖坏书为职业。有不少青年受了骗，因为看坏书而损害了身体，或道德败落，变成坏人。今天，我们还该随时警惕，不要随便抓起一本书就看，那会误中毒害。至于故意去找残余的坏书阅读，简直是自暴自弃的表现，今日的青年一定知道不该这么做。

特别应当注意选择文艺作品。有的人管小说什么的叫作闲书，并且以为随便看看闲书不会有什么害处。这不对。"闲书"可能有很大的危害。旧日的坏书多数是利用小说等文学形式写成的，只为生意兴隆，不管害人多少。我们千万不可上当。

俗话说：老不读《三国》，少不看《水浒》。这并不是说

《三国》与《水浒》不好，而是说它们有很强的感染力，能够左右读者的思想感情，去摹仿书中人物。确是这样：一部好小说会使读者志气昂扬，力争上游；一部坏小说会使读者志气消沉，腐化堕落。留点神吧，别采取看闲书的态度，信手拾来，随便消遣。看坏书如同吸鸦片烟，会使人上瘾，越吸越爱吸，也就受毒越深。

还有一种书，荒诞无稽，也足以使人——特别是青年与少年，异想天开，做出荒唐的事来，如剑侠小说。我们从前不是听说过吗：十四五岁的中学生因读剑侠小说而逃出学校，到深山古洞去访什么老祖或圣母，学习飞剑杀人，呼风唤雨等等本领。结果呢，既荒废了学业，也没找到什么老祖或圣母——世界上从来没有过什么老祖和圣母啊！使人不务正业，而去求仙修道，难道不是害处吗？

怎么选择呢？不需要开一张书目，这么办就行：要看，就先看当代的好作品。我们的确有许多好小说，好剧本，好诗集，好文学刊物，好革命回忆录……为什么不看这些，而单找些无聊的东西浪费时光，或有害的东西自寻苦恼呢？生活在今天，就应当关心今天的国家建设与革命事业的大事，而我们这几年出版的好作品恰好是反映这些的。它们既足以使我们受到鼓舞，争取进步，又能获得艺术上的享受，有多么好呢！

或者有人说：新的作品读起来费力，不如某些剑侠小说、言情小说、公案小说等等那么简单省劲儿。首先就该矫正这个看法。在我自己的少年时期,最先接触到的就是《施公案》一类的小说。到二十岁左右,我才看到新小说。读了几本新小说之后,再拿起《施公案》来看,便看不下去了。从内容上说,新小说里所反映的正是我迫切要知道的,《施公案》没有这样的亲切;从文笔上说,新小说中有许多是艺术作品,而《施公案》没有这样的水平。新小说唤醒我对社会的关切,提高了我的文艺欣赏力。我没法子再喜欢《施公案》。后来,我自己也学习写小说,走的是新小说的路子,不是《施公案》的路子。不怕不识货,就怕货比货。比一比就知道谁高谁低了。我相信,谁都一样:念过几本新作品,就会放弃《施公案》。

一个研究文学的人,自然要广为阅览,以便分析比较。但是,这是专家的工作,一般人不宜借口要博阅广见而一视同仁,不辨好坏,抓住什么读什么。

现代题材的作品读了不少以后,再去看古典作品,就比较妥当。因为,若是一开始就读古典作品,心中没有底,不会鉴别,往往就容易发生误解,以为古典作品中的英雄人物,不管是十八世纪的,还是十九世纪的,都是模范,值得效仿,这一定会出毛病。不论多么伟大的作家也没有一眼看到几百年后的本领。他的成功是塑造了他的时代的典型人物,但这只是那个时代的典型人物,并不足以典范千古。即使这个人物是正面的人物,是好人,他也必然带着他那个时代必不可免的缺点,不应该也不可能成为我们的模范。是呀,一个十八世纪的人怎能够成为社会主义建设者呢？正面人物尚且如此，何况那反面人物呢？

阅读古典作品而受到感动是当然的，这正好证明古典作品之所以为古典作品，具有不朽的价值。但是，因受感动而去摹仿书中人物的行为就是另一回事了。这证明读者没有鉴别的能力，糊糊涂涂地做了古代作品的俘虏。

我们能够从古典的杰作了解到某一个历史时期的男女是怎么生活着的，明白一些他们的思想感情，志愿与理想，遭遇与成败。小说等文艺作品虽然不是历史，却足以帮助我们明白些历史的发展，使我们通达，因而也就更爱我们自己的时代与社会。我们的社会制度是最进步的制度，我们的社会现实曾经是多少前哲的理想。以古比今，我们感到幸福，从而意气风发，去建设我们的社会主义。我们读过的现代好作品帮助我们认清我们的社会，鼓舞我们努力建设社会主义的雄心壮志。有了这个底子，再看古典作品，我们就有了鉴别力，叫古为今用，不叫今为古用，去做古书的俘虏。假若我们看了《红楼梦》，而不可怜那悲剧中的贾宝玉与林黛玉，不觉得我们自己是多么幸福，反倒去羡慕"大观园"中的腐烂生活，就是既没有了解《红楼梦》，也忘了自己是什么时代的人。这不仅荒唐可笑，而且会使个人消沉或堕落，使个人在社会主义建设工作上受到损失。这个害处可真不小！历史是向前进的，人也得往前走，不应后退！假若今天我们自己要写一部新《红楼梦》，大概谁也会想得到，我们必然是去描写某工厂或某人民公社的青年男女怎样千方百计地增产节约，怎样忘我地劳动，个个奋勇争先，为集体的事业去争取红旗。我们的《红楼梦》里的生活是健康的、愉快的、民主的、创造的，不会有以泪洗面的林黛玉，也不会有"大观园"中的一切乱七八糟。假若不幸有个林黛玉型的姑娘出现，我们必然会热诚地帮助她，叫她坚强起来，积极地从事生产，不再动不动地就掉眼泪。假若她是因读老《红楼梦》而学会多愁善感的，我们就会劝她读读《刘胡兰》，看看新电影，叫她先认清现代青年的责任是什么，切莫糊糊涂涂地糟蹋了自己。

有选择就不至于浪费时间或遭受毒害。

有鉴别就不会认错了时代，盲目崇拜古书，错误地摹仿前人，使自己不向前进，而往后退。

在这里，我主要地谈到文艺作品，因为阅读文艺作品而不加选择与鉴别，最容易使人受害。我并没有验看别种著作，说别种著作不需要选择与鉴别的意思，请勿误会。

一九六一年

Part 4

怎样阅读才有效

（一）精其选，
（二）解其言，
（三）知其意，
（四）明其理。

人类学问逐天进步不止，你不努力跟着跑，便落伍退后，这固不消说。尤其要紧的是养成读书的习惯，是在学问中寻出一种兴趣。

谈读书

朱光潜

朋友：

中学课程很多，你自然没有许多时间去读课外书。但是你试抚心自问：你每天真抽不出一点钟或半点钟的工夫吗？如果你每天能抽出半点钟，你每天至少可以读三四页，每月可以读一百页，到了一年也就可以读四五本书了。何况你在假期中每天断不会只能读三四页呢？你能否在课外读书，不是你有没有时间的问题，是你有没有决心的问题。

世间有许多人比你忙得多。许多人的学问都在忙中做成的。美国有一位文学家、科学家和革命家富兰克林，幼时在印刷局里做小工，他的书都是在做工时抽暇读的。不必远说，你应该还记得，国父孙中山先生，难道你比那一位奔走革命席不暇暖的老人家还要忙些吗？他生平无论忙到什么地步，没有一天不偷暇读几页书。你只要看他的《建国方略》和《孙文学说》，你便知道他不仅是一个政治家，而且还是一个学者。不读书讲革命，不知道"光"的所在，只是窜头乱撞，终难成功。这个道理，孙先生懂得最清楚的，所以他的学说特别重"知"。

人类学问逐天进步不止，你不努力跟着跑，便落伍退后，这固不消说。尤其要紧的是养成读书的习惯，是在学问中寻出一种兴趣。你如果没有一种正常嗜好，没有一种在闲暇时可以寄托你的心神的东西，将来离开学校去做事，说不定要被恶习惯引诱。你不看见现在许多叉麻雀抽鸦片的官僚绅商乃至教员，不大半由学生出身吗？你慢些鄙视他们，临到你来，再看看你的成就吧！但是你如果在读书中寻出一种趣味，你将来抵抗引诱的能力比别人定要大些。这种兴趣你现在不能寻出，将来永不会寻出。凡人都越老越麻木，你现在已比不上三五岁的小孩子那样好奇、那样兴味淋漓了。你长大一岁，你感觉兴味的锐敏力便须迟钝一分。达尔文在自传里曾经说过，他幼时颇好文学和音乐，壮时因为研究生物学，把文学和音乐都丢开了，到老来他再想拿诗歌来消遣，便寻不出趣味来了。兴味要在青年时设法培养，过了正常时节，便会萎谢。比方打网球，你在中学时欢喜打，你到老都欢喜打。假如你在中学时代错过机会，后来要发愿去学，比登天还要难十倍。养成读书习惯也是这样。

你也许说，你在学校里终日念讲义看课本不就是读书吗？

讲义课本着意在平均发展基本知识，固亦不可不读。但是你如果以为念讲义看课本，便尽读书之能事，就是大错特错。第一，学校功课门类虽多，而范围究极窄狭。你的天才也许与学校所有功课都不相近，自己在课外研究，去发现自己性之所近的学问。再比方你对于某种功课不感兴趣，这也许并非由于性不相近，只是规定课本不合你的胃口。你如果能自己在课外发现好书籍，你对于那种功课的兴趣也许就因而浓厚起来了。第二，念讲义看课本，免不掉若干拘束，想借此培养兴趣，颇是难事。比方有一本小说，平时自由拿来消遣，觉得多么有趣，一旦把它拿来当课本读，用预备考试的方法去读，便不免索然寡味了。兴趣要逍遥自在地不受拘束地发展，所以为培养读书兴趣起见，应该从读课外书入手。

书是读不尽的，就算读尽也是无用，许多书没有一读的价值。你多读一本没有价值的书，便丧失可读一本有价值的书的时间和精力；所以你须慎加选择。你自己自然不会选择，须去就教于批评家和专门学者。我不能告诉你必读的书，我能告诉你不必读的书。许多人曾抱定宗旨不读现代出版的新书。因为许多流行的新书只是迎合一时社会心理，实在毫无价值，经过时代淘汰而巍然独存的书才有永久性，才值得读一遍两遍以至于无数遍。我不敢劝你完全不读新书，我却希望你特别注意这一点，因为现代青年颇有非新书不读的风气。别的事都可以学时髦，唯有读书做学问不能学时髦。我所指不必读的书，不是新书，是谈书的书，是值不得读第二遍的书。走进一个图书馆，你尽管看见千卷万卷的纸本子，其中真正能够称为"书"的恐怕还难上十卷百卷。你应该读的只是这十卷百卷的书。在这些书中间，你不但可以得到较真确的知识，而且可以于无形中吸收大学者治学的精神和方法。这些书才能撼动你的心灵，激动你的思考。其他像"文学大纲""科学大纲"以及杂志报章上的书评，实在都不能供你受用。你与其读千卷万卷的诗集，不如读一部《国风》或《古诗十九首》；你与其读千卷万卷谈希腊哲学的书籍，不如读一部柏拉图的《理想国》。

你也许要问我像我们中学生究竟应该读些什么书呢？这个问题可不易回答。你大约记得北平《京报·副刊》曾征求"青年必读书十种"，结果有些人所举十种尽是几何、代数，有些人所举十种尽是《史记》《汉书》。这在旁人看起来似近于滑稽，而应征的人却各抱有一番大道理。本来这种征求的本意，求以一个人的标准做一切人的标准，好像我只喜欢吃面，你就不能吃米，完全是一种错误见解。各人的天资、兴趣、环境、职业不同，你怎能定出万应灵丹似的十种书，供天下无量数青年读之都能感觉同样趣味，发生同样效力？

我为了写这封信给你，特地去调查了几个英国公共图书馆。他们的青年读物部最流行的书可以分为四类：（一）冒险小说和游记，（二）神话和寓言，（三）生物故事，（四）名人传记和爱国小说。有些书在国外虽流行，给中国青年读，却不十分相宜。中国学生大半是少年老成，在中学时代就欢喜像煞有介事地谈一点学理。他们——你和我自然都在内——不仅喜欢谈谈文学，还要研究社会问题，甚至于哲学问题。这既是一种自然倾向，也就不能漠视，我个人的见解也不妨提起和你商量商量。十五六岁以后的教育宜注重发达理解，十五六岁以前的教育宜注重发达想象。所以初中的学生们宜多读想象的文字，高中的学生才应该读含有学理的文字。

谈到这里，我还没有答复应读何书的问题。老实说，我没有能力答复，我自己便没曾读过几本"青年必读书"，老早就读些壮年必读书。所以我现在不敢答复你应该读何书的问题。你如果要知道，你应该去请教你所知的专门学者，请他们各就自己所学范围以内指定三两种青年可读的书。你如果请一个人替你面面俱到地设想，比方他是学文学的人，他也许明知青年必读书应含有社会问题、科学常识等等，而自己又没甚把握，姑且就他所知的一两种拉来凑数，你就像问道于盲了。同时，你要知道读书好比探险，也不能全靠别人指导，你自己也须得费些功夫去搜求。我从来没有听见有人按照别人替他定的"青年必读书十种"或"世界名著百种"读下去，便成就一个学者。别人只能介绍，抉择还要靠你自己。

关于读书方法，我不能多说，只有两点须在此约略提起。第一，凡值得读的书至少须读两遍。第一遍须快读，着眼在醒豁全篇大旨与特色。第二遍须慢读，须以批评态度衡量书的内容。第二，读过一本书，须笔记纲要精彩的地方以及你自己的意见。记笔记不仅可以帮助你记忆，而且可以逼得你仔细，刺激你思考。记着这两点，其他琐细方法便用不着说。各人天资习惯不同，你用哪种方法收效较大，我用哪种方法收效较大，不是一概而论的。你自己终究会找出你自己的方法，别人决不能给你一个方单，使你可以"依法炮制"。

你嫌这封信太冗长了吧？下次谈别的问题，我当力求简短。再会！

你的朋友　孟实

（本文选入时有删改）

一本书，什么地方重要，什么地方不重要，你看不出来，那就劳而无功，你白念了。

谈谈怎样读书

王力

首先应读书的序例——序文和凡例。过去我们有个坏习惯，以为看正文就行了，序例可以不看。其实序例里有很多好东西。序例常常讲到写书的纲领、目的，替别人作序的，还讲书的优点。凡例是作者认为应该注意的地方。这些都很好，而我们常常忽略。《说文》的序是在最后的，我建议你们念《说文段注》把序提到前面来念。《说文序》，段玉裁也加了注，更应该念。《说文段注》有王念孙的序，很重要。主要讲《说文段注》之所以写得好，是因为他讲究音韵，掌握了古音，能从音到义。王念孙的序把段注整部书的优点都讲了。再如《马氏文通》序和凡例也是很好的东西，序里边有句话："会集众字以成文，其道理终不变。"意思是说许多单词集合起来就成文章了，它的道理永远不变。他上面讲到了字形常有变化，字音也常有变化，只有语法自始至终是一样的。当然他这话并不全面，语法也会有变化的，但他讲了一个道理，即语法的稳定性。我们的语法自古至今变化不大，比起语音的变化差得远，语法有它的稳定性。另外，序里还有一句话："字之部分类别，与夫字与字相配成句之义。"这句意思是说研究语法，首先要分词类，然后是这些词跟词怎么搭配成为句子。语法就是讲这个东西，这句话把语法的定义下了，这定义至少对汉语是适用的。《马氏文通》的凡例更重要，里边说，《孟子》的两句话"亲之欲其贵也，爱之欲其富也"，"之"是"他"的意思，"其"也是"他"的意思，为什么不能互换呢？又如，《论语》里有两句话："爱之能勿劳乎？忠焉能勿诲乎？"两句格式很相像，为什么一句用"之"，一句用"焉"？《论语》里有两句话："俎豆之事，则尝闻之矣；军旅之事，则未之学也。"这两句话也差不多，为什么一句用"矣"，一句用"也"呢？这你就非懂语法不可。不懂，这句话就不能解释。从前人念书，都不懂这些，谁也不知道提出这个问题来，更不知怎么解答了。这些问题从语法上很好解释，根据马氏的说法，参照我的意见，可以这样解释，"亲之欲其贵也，……"为什么"之、其"不能互换？因为"之"只能用作宾语，"其"相反，不能用作宾语。"之、其"的任务是区别开的，所以不能互换。"爱之能勿劳乎？忠焉能勿诲乎？"为什么"爱之"用"之"，"忠焉"用"焉"？因为"爱"是及物动词，"忠"是不及物动词。"爱"及物，用

"之","之"是直接宾语;"忠"不及物,只能用"焉",因为"焉"是间接宾语。再有,"俎豆之事,则尝闻之矣;军旅之事,则未之学也":"矣"是表示既成事实,事情已完成;"未之学也",是说这事没完成,没这事,所以不能用"矣",只能用"也"。凡没完成的事,只能用"也",不能用"矣"。从语法讲,很清楚。不懂语法,古汉语无从解释。他这样一个凡例有什么好处呢?说明了人们为什么要学语法,他为什么要写一本语法书。不单是《说文段注》和《马氏文通》这两部书,别的书也一样,看书必须十分注意序文和凡例。

其次,要摘要做笔记。读书要不要写笔记?应该要的。现在人们喜欢在书的旁边圈点,表示重要。这个好,但是还不够,最好把重要的地方抄下来。这有什么好处呢?张之洞《书目答问》中有一句话很重要,他说:"读书不知要领,劳而无功。"一本书,什么地方重要,什么地方不重要,你看不出来,那就劳而无功,你白念了。现在有些人念书能把有用的东西吸收进去,有的人并没有吸收进去,看了就看了,都忘了。为什么?因为他就知道看,不知道什么地方是好的,什么地方是最重要的,精彩的,即张之洞所谓的要领,他不知道,这个书就白念了。有些人就知道死记硬背,背得很多,背下来有没有用处呢?也还是没有用处。这叫劳而无功。有些人并不死记硬背,有些地方甚至马马虎虎就看过去了,但念到重要的地方他就一点不放过,把它记下来。所以读书要摘要做笔记。

第三点，应考虑试着做眉批，在书的天头上加自己的评论。看一本书如果自己一点意见都没有，可以说你没有好好看，你好好看的时候，总会有些意见的。所以最好在书眉，又叫天头，即书上边空的地方做些眉批。试试看，我觉得这本书什么地方好，什么地方不合适，都可以加上评论。昨天我看从前我念过的那本《马氏文通》，看到上边都写有眉批。那时我才二十六岁，也是在清华当研究生。我在某一点不同意书上的意见，有我自己的看法，就都写在上边了。今天拿来看，拿五十年前批的来看，有些批的是对的，有些批错了，但没有关系，因为这经过了你自己的考虑。批人家，你自己就得用一番心思，这样，对那本书的印象就特别深。自己做眉批，可以帮你读书，帮你把书的内容吸收进去。也可用另外的办法，把记笔记和书评结合在一起，把书评写在笔记里边，这样很方便。笔记本一方面把重要的记下来，另一方面，某些地方我不同意书里的讲法，不管是《马氏文通》还是《说文段注》，我不同意他的，可表示我的意思，把笔记和眉批并为一个东西。

另外，要写读书报告。如果你做了笔记，又做了眉批以后，读书报告就很好写了。最近看了一篇文章，一篇很好的读书报告，就是赵振铎的《读〈广雅疏证〉》，可以向他学习。《广雅疏证》没有凡例，他给它定了凡例，《广雅疏证》是怎么写的,有什么优点,他都讲到了。像这样写个读书报告就很好,好的读书报告简直就是一篇好的学术论文。

（本文选入时有删减）

在人与人的关系中,过河拆桥是不道德的事。但是,在读书中,就是要过河拆桥。

我的读书经验

冯友兰

我今年八十七岁了,从七岁上学起就读书,一直读了八十年,其间基本上没有间断,不能说对于读书没有一点经验。我所读的书,大概都是文、史、哲方面的,特别是哲。我的经验总结起来有四点:(一)精其选,(二)解其言,(三)知其意,(四)明其理。

先说第一点。古今中外,积累起来的书真是多极了,真是浩如烟海。但是,书虽多,有永久价值的还是少数。可以把书分为三类,第一类是要精读的,第二类是可以泛读的,第三类是只供翻阅的。所谓精读,是说要认真地读,扎扎实实地一个字一个字地读。所谓泛读,是说可以粗枝大叶地读,只要知道它大概说的是什么就行了。所谓翻阅,是说不要一个字一个字地读,不要一句话一句话地读,也不要一页一页地读。就像看报纸一样,随手一翻,看看大字标题,觉得有兴趣的地方就大略看看，没有兴趣的地方就随手翻过。听说在中国初有报纸的时候，有些人捧着报纸，就像念"五经""四书"一样，一字一字地高声朗诵。照这个办法，一天的报纸，念一年也念不完。大多数的书，其实就像报纸上的新闻一样，有些可能轰动一时，但是昙花一现，不久就过去了。所以，书虽多，真正值得精读的并不多。下面所说的就指值得精读的书而言。

怎样知道哪些书是值得精读的呢？对于这个问题不必发愁。自古以来，已经有一位最公正的评选家，有许多推荐者向它推荐好书。这个评选家就是时间，这些推荐者就是群众。历来的群众，把他们认为有价值的书，推荐给时间。时间照着他们的推荐，对于那些没有永久价值的书都刷下去了，把那些有永久价值的书流传下来。从古以来流传下来的书，都是经过历来群众的推荐，经过时间的选择，流传了下来。我们看见古代流传下来的书，大部分都是有价值的，我们心里觉得奇怪，怎么古人写的东西都是有价值的。其实这没有什么奇怪，他们所作的东西，也有许多没有价值的，不过这些没有价值的东西，没有为历代群众所推荐，在时间的考验上，落了选，被刷下去了。现在我们所称为"经典著作"或"古典著作"的书都是经过时间考验，流传下来的。这一类的书都是应该精读的书。当然随着时间的推移和历史的发展，这些书之中还要有些被刷下去。不过直到现在为止，它们都是榜上有名的，我们只能看现在的榜。

我们心里先有了这个数，就可随着自己的专业选定一些需要精读的书。这就是要一本一本地读，所以在一个时间内只能读一本书，一本书读完了才能读第二本。在读的时候，先要解其言。这就是说，首先要懂得它的文字；它的文字就是它的语言。语言有中外之分，也有古今之别。就中国的汉语笼统地说，有现代汉语，有古代汉语，古代汉语统称为古文。详细地说，古文之中又有时代的不同，有先秦的古文，有两汉的古文，有魏晋的古文，有唐宋的古文。中国汉族的古书，都是用这些不同的古文写的。这些古文，都是用一般汉字写的，但是仅只认识汉字还不行。我们看不懂古人用古文写的书，古人也不会看懂我们现在的《人民日报》。这叫语言文字关。攻不破这道关，就看不见这道关里边是什么情况，不知道关里边是些什么东西，只好在关外指手画脚，那是不行的。我所说的解其言，就是要攻破这一道语言文字关。当然要攻这道关的时候，要先做许多准备，用许多工具，如字典和词典等工具书之类。这是当然的事，这里就不多谈了。

中国有句老话说是"书不尽言，言不尽意"，意思是说，一部书上所写的总要比写那部书的人的话少，他所说的话总比他的意思少。一部书上所写的总要简单一些，不能像他所要说的话那样啰唆。这个缺点倒有办法可以克服。只要他不怕啰唆就可以了。好在笔墨纸张都很便宜，文章写得啰唆一点无非是多费一点笔墨纸张，那也不是了不起的事。可是言不尽意那种困难，就没有法子克服了。因为语言总离不了概念，概念对于具体事物来说，总不会完全合适，不过是一个大概轮廓而已。比如一个人说，他牙痛。牙是一个概念，痛是一个概念，牙痛又是一个概念。其实他不仅止于牙痛而已。那个痛，有一种特别的痛法，有一定的大小范围，有一定的深度。这都是很复杂的情况，不是仅仅牙痛两个字所能说清楚的，无论怎样啰唆他也说不出来的，言不尽意的困难就在于此。所以在读书的时候，即使书中的字都认得了，话全懂了，还未必能知道作书的人的意思。从前人说，读书要注意字里行间，又说读诗要得其"弦外音，味外味"。这都是说要在文字以外体会它的精神实质。这就是知其意。司马迁说过："好学深思之士，心知其意。"意是离不开语言文字的，但有些是语言文字所不能完全表达出来的。如果仅只局限于语言文字，死抓住语言文字不放，那就成为死读书了。死读书的人就是书呆子。语言文字是帮助了解书的意思的拐棍。既然知道了那个意思以后，最好扔了拐棍。这就是古人所说的"得意忘言"。在人与人的关系中，过河拆桥是不道德的事。但是，在读书中，就是要过河拆桥。

前面所说的"书不尽言""言不尽意"之下，还可再加一句"意不尽理"。理是客观的道理，意是著书的人的主观的认识和判断，也就是客观的道理在他的主观上的反映。理和意既然有主观客观之分，意和理就不能完全相合。人总是人，不是全知全能。他的主观上的反映、体会和判断，和客观的道理总要有一定的差距，有或大或小的错误。所以读书仅至得其意还不行，还要明其理，才不至于为前人的意所误。如果明其理了，我就有我自己的意。我的意当然也是主观的，也可能不完全合乎客观的理。但我可以把我的意和前人的意互相比较，互相补充，互相纠正。这就可能有一个比较正确的意。这个意是我的，我就可以用它处理事务，解决问题。好像我用我自己的腿走路，只要我心里一想走，脚就自然而然地走了。读书到这个程度就算是能活学活用，把书读活了。会读书的人能把死书读活；不会读书的人能把活书读死。把死书读活，就能把书为我所用，把活书读死，就能把我为书所用。能够用书而不为书所用，读书就算读到家了。

从前有人说过："六经注我，我注六经。"自己明白了那些客观的道理，自己有了意，把前人的意作为参考，这就是"六经注我"。不明白那些客观的道理，甚而至于没有得古人所有的意，而只在语言文字上推敲，那就是"我注六经"。只有达到"六经注我"的程度，才能真正地"我注六经"。

一九八二年六月于北京

要多读书,用功读书,但是还得善于读书。

谈读书

吴晗

题目好像很奇怪,只要认识三五千汉字,便可读所有用汉字印刷的书了,书人人会读,何必谈?

然而问题并不如此简单,能读书是一回事,善于读书又是一回事,并不是所有认得若干汉字的人都善于读书,能和善,相差只是一个字,实际距离却不可以道里计,问题就在这里。

经常有些青年人,也有些中年人,其中有学生、教师,也有编辑工作者等等,他们提出问题:怎样做才能读好书,做好学术研究工作?特别是当前各个高等学校学生都在奋发读书的气氛中,这个问题也就显得很突出了。

要具体地谈各个学科,各个年级的学生该读什么书,或者研究什么题目,该读什么书,这是各个教研组和研究导师所应该答复的。这里只能谈一点基本的经验。

首先是方法问题,用老话说,有两种不同的方法,一种是寻章摘句式的，读得很细心，钻研每一段以至每一句，甚至为了一个字，有的经师写了多少万字的研究论文。其缺点是见树木而不见森林，拣了芝麻绿豆却丢了西瓜，对所读书的主要观点、思想却忽略了。另一种是观其大意，不求甚解式的，这种人读书抓住了书里的主要东西，吸收了并丰富、提高了自己，但是不去做寻章摘句的工作。明朝人曾经对这两种方法做了很好的譬喻，说前一种人拥有一屋子散钱，却少一根绳子把钱拴起来。后一种呢，恰好相反，只有一根绳子，缺少拴的钱。用现代的话说，这根绳子就是一条红线。这两种方法都有所偏，正确的方法是把两种统一起来，对个别的关键性的章节、词句要深入钻研，同时也必须领会书的大意，也就是主要的观点、立场，既要有数量极多的钱，也要有一条色彩鲜明的绳子。

其次是先后问题。先读什么，后读什么。是先读基础的书呢，还是先读专业的书呢？例如学习中国历史，是先学好中国通史，还是先学断代史或专门史呢？有不少人在这个问题上走了冤枉路，把先后次序颠倒了，不善于读书。其实道理极简单，要修一所房子，不打好基础，这房子怎么盖呢？你能把高楼大厦建筑在沙滩上吗？因此，要读好书，必须先打好基础，读好了基础书，才能在这基础上做个别问题的钻研，基础要求广，钻研则要求深，广和深也是统一的，只有广了才能深，也只有深了才要求更广。

"读书百遍，其义自见。"这话是有道理的。有的书必须多读，特别是学习古文，那些范文最好是能够读到可以背诵的程度。除了多读之外，还得多抄，把重点、关键性的词句抄下来，时时翻阅，这样便可以记得牢靠，成为自己的东西了。多读多抄，这个"二多"是必须保证的。

第三是工具问题，认识了字并不等于完全了解这个名词的具体意义，有些专门术语随着时代的变化而具有不同的意义，并不是每一个人都容易理解的。解决的方法是善于利用工具书，也以学习历史作例，不懂得使用《辞源》、历史人名辞典、历史地名辞典、历史地图、历史年表和历史目录学，在研究历史科学的康庄大道上，也还是寸步难行的。

要多读书，用功读书，但是还得善于读书。

（本文选入时有删减）

好的文艺作品中总含有一种人生见解和社会观察,这对于我的立身处世都有极大的关系。

谈读书

叶圣陶

靠自己的力阅读

阅读要多靠自己的力,自己能办到几分务必办到几分;不可专等老师给讲解,也不可专等老师抄给字典辞典上的解释以及参考书上的文句。直到自己实在没法解决,才去请教老师或其他的人。因为阅读是自己的事,像这样专靠自己的力才能养成好习惯,培养真能力。再说,我们总有离开可以请教的人的时候,这时候阅读些什么,非专靠自己的力不可。

要靠自己的力阅读,不能不有所准备。特别划一段时期特别定一个课程来准备,不但不经济,而且很无聊。也只须随时多用些心,不肯马虎,那就是为将来做了准备。譬如查字典,如果为了做准备,专看字典,从第一页开头,一页一页顺次看下去,这决非办法。只须在需要查某一字的时候看得仔细,记得清楚,以后遇到这个字就是熟朋友了,这就是做了准备。不但查字典如此，其他都如此。

应做的准备大概有以下几项：

（一）留心听人家的话。写在书上是文字，说在口里就是话。听话也是阅读，不过读的是"声音的书"。能够随时留心听话，对于阅读能力的长进大有帮助。听清楚，不误会，固然第一要紧；根据自己的经验加以衡量，人家的话正确不正确，有没有罅漏，也是必要的事。不然只是被动地听，那是很有流弊的。至于人家用词的选择，语调的特点，表现方法的优劣，也须加以考虑。他有长处，好在哪里？他有短处，坏在哪里？这些都得解答，对于阅读极有用处。

（二）留心查字典。一个字往往有几个意义，有些字还有几个读音。翻开字典一看，随便取一个读音一个意义就算解决，那实在是没有学会查字典。必须就读物里那个字的上下文通看，再把字典里那个字的释文来对勘，然后确定那个字何音何义。这是第一步。其次，字典里往往有些例句，自己也可以找一些用着那个字的例句，许多例句聚在一块儿，那个字的用法（就是通行这么用）以及限制（就是不通行那么用）可以看出来了。如果能找近似而不一样的字两相比较，辨明彼此的区别在哪里，应用上有什么不同，那自然更好了。

（三）留心查辞典。一个词也往往有几个意义，认真查辞典，该与前一节说的一样。那个词若是有关历史的，最好根据自己的历史知识，把那个时代的事迹想一回。那个词若是个地名,最好把地图翻开来辨认一下。那个词若是涉及生物理化等科的,最好把自己的生物理化的知识温习一遍,辞典里说的或许很简略,就查各科的书把它考究个明白。那个词若是来自某书某文的典故或是有关某时某人的成语,如果方便,最好把某书某文以及记载某时某人的话的原书找来看看。那个词若是一种制度的名称,一个专用在某种场合的术语,辞典里说的或许很简略,如果方便,最好找些相当的书来考究个详细。以上说的无非要真个弄明白,不容含糊了事。而且,这样将辞典作钥匙,随时翻检,阅读的范围就扩大了,阅读参考书的习惯也可以养成了。

(四)留心看参考书。参考书范围很广,性质不一,未可一概而论。可是也有可以说的。一种参考书未必需要全部看完,但是既然与它接触了,它的体例总得弄清楚。目录该通体一看,书上的序文,人家批评这书的文章,也该阅读。这样,多接触一种参考书就如多结识一个朋友,以后需要的时候,还可以向他讨教,与他商量。还有,参考书未必全由自己购备,往往要往图书馆借看。那么,图书分类法是必要的知识。某个图书馆用的什么分类法,其中卡片怎样安排,某一种书该在哪一类里找,必须认清搞熟,检查起来才方便。此外如各家书店的特点以及它们的目录,如果认得清,取得到,对于搜求参考书也有不少便利。

以上说的准备也可以换成"积蓄"两个字。积蓄得越多,阅读能力越强。阅读不仅是中学生的事，出了学校仍需要阅读。人生一辈子阅读，其实是一辈子在积蓄中，同时一辈子在长进中。

阅读举要

如果经常做前面说的那些准备，阅读就不是什么难事情。阅读时候的心情也得自己调摄，务须起劲，愉快。认为阅读好像还债务，那一定读不好。要保持着这么一种心情，好像腹中有些饥饿的人面对着甘美膳食的时候似的，才会有好成绩。

阅读总得"读"。出声念诵固然是读，不出声默诵也是读，乃至口腔喉舌绝不运动，只用眼睛在纸面上巡行，如古人所谓"目治"，也是读。无论怎样读，起初该用论理的读法，把文句中一个个词切断，读出它们彼此之间的关系来。又按各句各节的意义，读出它们彼此之间的关系来。这样读了，就好比听作者当面说一番话，大体总能听明白。最忌的是不能分解，不问关系，糊里糊涂读下去——这样读三五遍，也许还是一片朦胧。

读过一节停一停，回转去想一下这一节说的什么，这是个好办法。读过两节三节，又把两节三节连起来回想一下。这个办法可以使自己经常清楚，并且容易记住。

回想的时候，最好自己多多设问。文中讲的若是道理，问问是怎样的道理？用什么方法论证这个道理？文中讲的若是人物，问问是怎样的人物？用怎样的笔墨表现这个人物？有些语文读本在课文后面提出这一类的问题，就是帮助读者回想的。一般的书籍报刊当然没有这一类的问题，唯有读者自己来提出。

读一遍未必够，而且大多是不够的，于是读第二遍第三遍。读过几遍之后，若还有若干地方不明白不了解，就得做翻查参考的功夫。这在前面已经说过了，关于翻查字典辞典，以及阅读参考书，这儿不再重复。

总之，阅读以了解所读的文篇书籍为起码标准。所谓了解，就是明白作者的意思情感，不误会，不缺漏，作者表达些什么，就完全领会他那什么。必须做到这一步，才可以进一步加以批评，说他说得对不对，合情理不合情理，值不值得同情或接受。

在阅读的时候，标记全篇或者全书的主要部分、有力部分、表现最好的部分，这可以帮助了解，值得采用。标记或画铅笔线，或做别种符号，都一样。随后依据这些符号，可以总结全部的要旨，可以认清全部的警句，可以辨明值得反复玩味的部分。

说理的文章大概只需论理地读，叙事叙情的文章最好还要"美读"。所谓美读，就是把作者的情感在读的时候传达出来。这无非如孟子所说的"以意逆志"，设身处地，激昂处还他个激昂，委婉处还他个委婉，诸如此类。美读的方法，所读的若是白话文，就如戏剧演员读台词那个样子。所读的若是文言，就用各地读文言的传统读法，务期尽情发挥作者当时的情感。美读得其法，不但了解作者说些什么，而且与作者的心灵相感通了，无论兴味方面或受用方面都有莫大的收获。

读要不要读熟？这看自己的兴趣和读物的种类而定。心爱某篇文字，自然乐于读熟。对于某书中的某几段文字感觉有兴趣，也不妨读熟。读熟了，不待翻书也可以随时温习，得到新的领会，这是很大的乐趣。

学习文言，必须熟读若干篇。勉强记住不算熟，要能自然成诵才行。因为文言是另一种语言，不是现代口头运用的语言，文言的法则固然可以从分析比较而理解，可是要养成熟极如流的看文言的习惯，非先熟读若干篇文言不可。

阅读当然越快越好，可以经济时间，但是得以了解为先决条件。糊里糊涂读得快，不如通体了解而读得慢。练习的步骤该是先求其无不了解，然后求其尽量地快。出声读须运动口腔喉舌，总比默读仅用"目治"来得慢些。为阅读多数书籍报刊的便利起见，该多多练习"目治"。

阅读之后该是做笔记了，如果需要记什么的话。关于做笔记，在后面谈写作的时候说。

最要紧的，阅读不是没事做闲消遣，无非要从他人的经验中取其正确无误的，于我有用的，借以扩充我的知识，加多我的经验，增强我的能力。就是读文艺作品如诗歌小说等，也不是没事做消遣。好的文艺作品中总含有一种人生见解和社会观察，这对于我的立身处世都有极大的关系。

（本文选入时标题有改动，内容有删减）

经典文字简短，意思深长，要多读，熟读，仔细玩味，才能了解和体会。

论百读不厌

朱自清

前些日子参加了一个讨论会,讨论赵树理先生的《李有才板话》。座中一位青年提出了一件事实:他读了这本书觉得好,可是不想重读一遍。大家费了一些时候讨论这件事实。有人表示意见,说不想重读一遍,未必减少这本书的好,未必减少它的价值。但是时间匆促,大家没有达到明确的结论。一方面似乎大家也都没有重读过这本书,并且似乎从没有想到重读它。然而问题不但关于这一本书,而是关于一切文艺作品。为什么一些作品有人"百读不厌",另一些却有人不想读第二遍呢?是作品的不同吗?是读的人不同吗?如果是作品不同,"百读不厌"是不是作品评价的一个标准呢?这些都值得我们思索一番。

苏东坡有《送安惇秀才失解西归》诗,开头两句是:

>　旧书不厌百回读，
>
>　　熟读深思子自知。

"百读不厌"这个成语就出在这里。"旧书"指的是经典，所以要"熟读深思"。《三国志·魏志·王肃传·注》：

>　人有从(董遇)学者，遇不肯教，而云"必当先读百遍"，言"读书百遍而意自见"。

经典文字简短，意思深长，要多读，熟读，仔细玩味，才能了解和体会。所谓"意自见""子自知"，着重自然而然，这是不能着急的。这诗句原是安慰和勉励那考试失败的安惇秀才的话，劝他回家再去安心读书，说"旧书"不嫌多读，越读越玩味越有意思。固然经典值得"百回读"，但是这里着重的还在那读书的人。简化成"百读不厌"这个成语，却就着重在读的书或作品了。这成语常跟另一成语"爱不释手"配合着，在读的时候"爱不释手"，读过以后"百读不厌"。这是一种赞词和评语，传统上确乎是一个评价的标准。当然，"百读"只是"重读""多读""屡读"的意思，并不一定一遍接着一遍地读下去。

　　经典给人知识，教给人怎样做人，其中有许多语言的、历史的、修养的课题，有许多注解，此外还有许多相关的考证，读上百遍，也未必能够处处贯通，教人多读是有道理的。但是后来所谓"百读不厌"，往往不指经典而指一些诗，一些文，以及一些小说；这些作品读起来津津有味，重读，屡读也不腻味，所以说"不厌"；"不厌"不但是"不讨厌"，并且是"不厌倦"。诗文和小说都是文艺作品，这里面也有一些语言的和历史的课题，诗文也有些注解和考证；小说方面呢，即直到近代才有人注意这些课题，于是也有了种种考证。但是过去一般读者只注意诗文的注解，不大留心那些课题，对于小说更是如此。他们集中在本文的吟诵或浏览上。这些人吟诵诗文是为了欣赏，甚至于只为了消遣，浏览或阅读小说更只是为了消遣，他们要求的是趣味，是快感。这跟诵读经典不一样。诵读经典是为了知识，为了教训，得认真，严肃，正襟危坐地读，不像读诗文和小说可以马马虎虎的，随随便便的，在床上，在火车轮船上都成。这么着可还能够教人"百读不厌"，那些诗文和小说到底是靠了什么呢？

在笔者看来，诗文主要是靠了声调，小说主要是靠了情节。过去一般读者大概都会吟诵，他们吟诵诗文，从那吟诵的声调或吟诵的音乐得到趣味或快感，意义的关系很少；只要懂得字面儿，全篇的意义弄不清楚也不要紧的。梁启超先生说过李义山的一些诗，虽然不懂得究竟是什么意思，可是读起来还是很有趣味（大意）。这种趣味大概一部分在那些字面儿的影像上，一部分就在那七言律诗的音乐上。字面儿的影像引起人们奇丽的感觉；这种影像所表示的往往是珍奇、华丽的景物，平常人是不容易接触到的，所谓"七宝楼台"之类。民间文艺里常常见到的"牙床"等等，也正是这种作用。民间流行的小调以音乐为主，而不注重词句，欣赏也偏重在音乐上，跟吟诵诗文也正相同。感觉的享受似乎是直接的、本能的，即使是字面儿的影像所引起的感觉，也还多少有这种情形，至于小调和吟诵，更显然直接诉诸听觉，难怪容易唤起普遍的趣味和快感。至于意义的欣赏，得靠综合诸感觉的想象力，这个得有长期的教养才成。然而就像教养很深的梁启超先生，有时也还让感觉领着走，足见感觉的力量之大。

小说的"百读不厌"，主要的是靠了故事或情节。人们在儿童时代就爱听故事，尤其爱奇怪的故事。成人也还是爱故事，不过那情节得复杂些。这些故事大概总是神仙、武侠、才子、佳人，经过种种悲欢离合，而以大团圆终场。悲欢离合总得不同寻常，那大团圆才足奇。小说本来起于民间，起于农民和小市民之间。在封建社会里，农民和小市民是受着重重压迫的，他们没有多少自由，却有做白日梦的自由。他们寄托他们的希望于超现实的神仙，神仙化的武侠，以及望之若神仙的上层社会的才子佳人；他们希望有朝一日自己会变成这样的人物。这自然是不能实现的奇迹，可是能够给他们安慰、趣味和快感。他们要大团圆，正因为他们一辈子是难得大团圆的，奇情也正是常情啊。他们同情故事中的人物，"设身处地"地

"替古人担忧",这也因为事奇人奇。过去的小说似乎始终没有完全移交到士大夫手里。士大夫读小说,只是看闲书,就是作小说,也只是游戏文章,总而言之,消遣而已。他们得化装为小市民来欣赏,来写作;在他们看,小说奇于事实,只是一种玩意儿,所以不能认真、严肃,只是消遣而已。

封建社会渐渐垮了,五四时代出现了个人,出现了自我,同时成立了新文学。新文学提高了文学的地位;文学也给人知识,也教给人怎样做人,不是做别人的,而是做自己的人。可是这时候写作新文学和阅读新文学的,只是那变了质的下降的士和变了质的上升的农民和小市民混合成的知识阶级,别的人是不愿来或不能来参加的。而新文学跟过去的诗文和小说不同之处,就在它是认真地负着使命。早期的反封建也罢,后来的反帝国主义也罢,写实的也罢,浪漫的和感伤的也罢,文学作品总是一本正经地在表现着并且批评着生活。这么着文学扬弃了消遣的气氛,回到了严肃——古代贵族的文学如《诗经》,倒本来是严肃的。这负着严肃的使命的文学,自然不再注重"传奇",不再注重趣味和快感,读起来也得正襟危坐,跟读经典差不多,不能再那么马马虎虎,随随便便的。但是究竟是形象化的,诉诸情感的,跟经典以冰冷的抽象的理智的教训为主不同,又是现代的白话,没有那些语言的和历史的问题,所以还能够吸引许多读者自动去读。不过教人"百读不厌"甚至教人想去重读一遍的作品,的确是很少了。

新诗或白话诗和白话文,都脱离了那多多少少带着人工的、音乐的声调,而用着接近说话的声调。喜欢古诗、律诗和骈文、古文的失望了,他们尤其反对这不能吟诵的白话新诗;因为诗出于歌,一直不曾跟音乐完全分家,他们是不愿扬弃这个传统的。然而诗终于转到意义中心的阶段了。古代的音乐是一种说话,所谓"乐语",后来的音乐独立发展,变成"好听"为主了。现在的诗既负上自觉的使命,它得说出人人心中所欲言而不能言的,自然就不注重音乐而注重意义了。——一方面音乐大概也在渐渐注重意义,回到说话吧?——字面儿的影像还是用得着,不过一般的看起来,影像本身,不论是鲜明的,朦胧的,可以独立地诉诸感觉的,是不够吸引人了;影像如果必须得用,就要配合全诗的各部分完成那中心的意义,说出那要说的话。在这动乱时代,人们着急要说话,因为要说的话实在太多。小说也不注重故事或情节了,它的使命比诗更见分明。它可以不靠描写,只靠对话,说出所要说的。这里面神仙、武侠、才子、佳人,都不大出现了,偶然出现,也得打扮成平常人;是的,这时候的小说的人物,主要是些平常人了,这是平民世纪啊。至于文,长篇议论文发展了工具性,让人们更如意、也更精密地说出他们的话,但是这已经成为诉诸理性的了。诉诸情感的是那发展在后的小品散文,就是那标榜"生活的艺术",抒写"身边琐事"的。这倒是回到趣味中心,企图着教人"百读不厌"的,确乎也风行过一时。然而时代太紧张了,不容许人们那么悠闲;大家嫌小品文近乎所谓"软性",丢下了它去找那"硬性"的东西。

文艺作品的读者变了质了,作品本身也变了质了,意义和使命压下了趣味,认识和行动压下了快感。这也许就是所谓"硬"的解释。"硬性"的作品得一本正经地读,自然就不容易让人"爱不释手""百读不厌"。于是"百读不厌"就不成其为评价的标准了,至少不成其为主要的标准了。但是文艺是欣赏的对象,它究竟是形象化的、诉诸情感的,怎么"硬"也不能"硬"到和论文或公式一样。诗虽然不必再讲那带几分机械性的声调,却不能不讲节奏,说话不也有轻重高低快慢吗?节奏合适,才能集中,才能够高度集中。文也有文的节奏,配合着意义使意义集中。小说是不注重故事或情节了,但也总得有些契机来表现生活和批评它;这些契机得费心思去选择和配合,才能够将那要说的话,要传达的意义,完整地说出来,传达出来。集中了的完整了的意义,才见出情感,才让人乐意接受,"欣赏"就是"乐意接受"的意思。能够这样让人欣赏的作品是好的,是否"百读不厌",可以不论。在这种情形之下,笔者同意:《李有才板话》即使没有人想重读一遍,也不减少它的价值,它的好。

但是在我们的现代文艺里,让人"百读不厌"的作品也有的。例如鲁迅先生的《阿Q正传》,茅盾先生的《幻灭》《动摇》《追求》三部曲,笔者都读过不止一回,想来读过不止一回的人该不少吧。在笔者本人，大概是《阿Q正传》里的幽默和三部曲里的几个女性吸引住了我。这几个作品的好已经定论，他们的意义和使命大家也都熟悉，这里说的只是它们让笔者"百读不厌"的因素。《阿Q正传》主要的作用不在幽默，那三部曲的主要作用也不在铸造几个女性，但是这些却可能产生让人"百读不厌"的趣味。这种趣味虽然不是必要的，却也可以增加作品的力量。不过这里的幽默决不是油滑的、无聊的，也决不是为幽默而幽默，而女性也决不就是色情，这个界限是得弄清楚的。抗战期中，文艺作品尤其是小说的读者大大地增加了。增加的多半是小市民的读者，他们要求消遣，要求趣味和快感。扩大了的读者，有着这样的要求也是很自然的。长篇小说的流行就是这个要求的反应，因为篇幅长，故事就长，情节就多，趣味也就丰富了。这可以促进长篇小说的发展，倒是很好的。可是有些作者却因为这样的要求，忘记了自己的边界，放纵到色情上，以及粗劣的笑料上，去吸引读者，这只是迎合低级趣味。而读者贪读这一类低级的软性的作品，也只是沉溺，说不上"百读不厌"。"百读不厌"究竟是个赞词或评语，虽然以趣味为主，总要是纯正的趣味才说得上的。

总之，我们读书的时候，存着一种目的和决心，则速率和效率自然会提高了。

怎样提高读书的速率和效率？

童行白

我们为什么要读书呢？在广义的说来，是猎取前人的经验，减少自己的错觉，而达到更完美的生活。在狭义方面说来，则至少须达到了解本国固有文化，发扬民族精神，和能欣赏艺术，调剂生活。

依照上述的目的，则我们应读的书甚多，而我们的时间有限，便不得不讲速率和效率了。在学习心理研究的结果，速率和效率是并行的，现在分别说明如下：

（一）速率（Speed）

读书形式有二：一是朗读，二是静读。静读不但没发声，而且不动唇，不动喉，完全以眼为动作，这种读法，速度较朗读为高，如我们急切间，欲在某一篇文里找我们所要的材料，虽急急地读下去，但结果总是不行，还是视觉的反应替我们找着的。这因为每一个字的发音妨害了我们的速率。而在实用上,则静读的机会极多,而朗读的机会甚少,故这里不详论了。现在我们单讨论如何增进静读的速率,要明白这点,就得从眼球的活动说起。

(A)识别距(Span of perception or Recognition)

这是眼球一转动间所能知的范围,凡识别距广的速率必高,反之则必低,而同一人亦有广狭之别,其原因有三:(1)阅读的材料深浅不同,材料一深,理解的难度提高,便影响到眼球的转动,识别距的范围便缩小;反之,则必增大。(2)阅读的目的不同。任意浏览,不求甚解,或不必记忆,则识别距亦自增大。若果探求理解,则眼停次数增多,速度便降低了。(3)阅读的形式不同,如用朗读,因发音的牵制,亦足缩小识别距。

(B)眼停时间(Duration of fixation)

所谓眼停时间,即眼球转动所费的时间,费时愈短,则速率必高,反之则必低,而同一人亦有长短之别,其原因也同A项所述。然则眼停时间和识别距有什么关系呢?据实验的结果,眼停时间短的,识别距阔,反之则识别距窄,前者速率高,后者速率低,故我们读书时,不但应促进识别距阔广,同时也应使眼停时间减短。

(C)回复眼动(Regressive eye movement)

回复眼动即已经看了的,因尚未理解其意义,重复再看一遍。回复眼动的次数愈多，眼停的次数也愈多，费时也长，效率也小了，此种动作和读书能力的优劣，适成反比例。我们要提高读书的速率，便首先要减少回复眼动的次数，然后方就达到目的。

（D）扫视（Sweep of eye）

从前一行的末一字，到次行的首一字，这种眼动，叫作扫视，虽然和阅读没有多大关系，但动作错乱过多，也很妨碍阅读的速率。如读了第二行便读第四行，或读完了第二行，再读第一行等。这样浪费时间，就影响速率不小了。

叙述完了眼动的经过，则我们对增进速率的结论是"养成有规律的眼动"。至于如何养成有规律的眼动，则只有努力练习。而练习的进步率，是非常迅速的。据杜佐周测量八位中国留美学生，时间为一个月，每人每日练习十分钟，所得的结果如下表：

被试者	E	F	G	H
第一月	6.02	4.73	1.67	3.82
第二月	9.18	13.02	3.82	5.38
先后的差数	3.16	8.29	2.15	1.56
进步百分比	52	175	129	41

注：杜氏研究报告，原分横直行两组，兹以现出版书籍，横行仍少见，故此表只有四位。

上表所列阅读能力最低者为 G，他第一天每秒钟不过读 1.67 字，但经一个月练习后，则每秒钟读 3.82 字，比原来进步 129%。上表能力最高者为 E，他第一天每秒钟读 6.02 字；经一个月的练习后，每秒钟读 9.18 字，比原来进步 52%。进步最大者 F，比第一天进步 175%，进步最小者为 B，比第一天进步 30%。可见经过练习是很容易进步的，不过在练习的时候，应明了速率的价值和求进步的决心，而时间又须继续不断，幸勿一曝十寒。

（二）效率

读书的速率固然重要，然徒增速率而收不到效率，则已读与不读等，徒浪费时间罢了，故同时应注重效率。所谓效率，可分为下列三种：

（A）理解（Comprehension）

我们每读一书，应了解该书的要点，然后才不至浪费时间，或者有人以为既要求速率的增加，自难求得理解的提高，便据海欧、奥白兰姆等的实验，则速率高的理解力亦高，其原因一是阅读书籍的深浅关系，意义深奥的于理解力自然较低，若意义显浅自易于理解，这和识别距的情形，适成正比例。其二是静读时，专心致志，不为发音所牵制，只由视觉器官直达中枢神经，不必再由视觉器官转听觉器官以达中枢神经。神经的运用既专一，则理解自然提高。至于如何能达到提高理解能力呢？这除了继续用提高速率的方法外，同时每读书一时，先须预拟问题，或预悬目标，在读完此书时必须能找着预拟问题的答案和决心，或约同伴互相考查，互相竞赛，则成绩自易于表现。

（B）组织（Organization）

"组织"这两个字，很容易误会到字句的结构。不过，这里所谈的组织是着重内容的认识，并且注重读完一书后，是否能组织成为系统的知识，或读完一书后，是否能将新收的材料和已读过的书联属在一起，而组成有系统的知识。因为我们读书是猎取前人的经验，以减少自己的错觉，以达到生活的充实。故组织的功夫是不可忽视的。至于组织和理解的相关度如何呢？现在虽没有正确的研究报告，但从理解能力的提高，则亦很容易达到目的，因为理解的程度不高，组织自然谈不到了。要达到这个目的，除了应用提高速率和理解的方法之外，还应加上做大纲、做表解、做结论等。

（C）记忆（Retention）

理解和组织两项，固然是读书的要素，然记忆又不可不增进。许多人以为强记没有多大的价值，殊不知"走马观花"般阅读，事后复抛诸九天之外，不是浪费时间吗？虽然，书本可以随时翻阅，而时间的不经济莫此为甚！所以记忆力的增进，是不可忽视的。又有人以为记忆力是天生的，这固然不能否认，但努力练习的结果，也是能够达到的。要达到记忆力的提高，只要具备有记忆的决心，好像我们是去准备应试的决心和把已知的事和新知的事联属在一起，这种心理活动很普通的，例如我们的朋友中，某甲是高人，当我们看见了另一个高人的时候，就会想起某甲的。用这种方法，是足以提高记忆力的。其次多复习，做大纲，做总结，或时时加以追忆（Recall），都能增强记忆的。

总之，我们读书的时候，存着一种目的和决心，则速率和效率自然会提高了。

我们读书要有效力,必须有好的方法。有了好方法,才能够"事半而功倍";做事没有好方法,就不免"事倍而功半"了。

有效的读书方法

姜建邦

现在是讲效率的时代。什么叫效率呢？效率的意思，就是要能在最短的时间里，用最少的精力，得到最好的成绩。

你看现在什么事不是要快吗？一个现代的青年，应当人家一个月做完的事，我半个月做完它；人家一天做完的事，我几小时做完它；人家几小时做完的事，我二十分钟做完它。不但如此，并且我还要在最短的时间里，做得比别人的成绩好。

读书也是要讲效率的。古人读书，最不讲究时间的经济。一课书叫学生像小和尚念经一样地念个半天并不稀奇。一本《三字经》，往往要读半年，甚至一年，这件事影响儿童的幸福太大了。

我们读书要有效力，必须有好的方法。有了好方法，才能够"事半而功倍"；做事没有好方法，就不免"事倍而功半"了。何况我们青年学生，读书的年月不多，而要读的书、要学的事实在太多了，所以有效的读书法是于我们很有利益的。

下面我要介绍两三个人的读书方法给读者们。

美国教育心理专家普莱西曾用一百二十五个测验题，去调查学校里失败的学生，将所得的结论列为学生有效的读书方法，很是宝贵，兹将它的要点摘录如下：

（一）要读书有效力，下面的条件很是重要：

（1）失败的学生常常是因为身体衰弱，所以要读书有效力，必须当心你的健康。

（2）不要担负太重的功课，对于工作能从容应付，才有优良的成绩。

（3）情绪不安定常是失败的基本原因，所以你应当避免一切烦恼和不安心的事。

（4）要有一个安静的地方读书，在那里可以避免一切的骚扰。

（二）要读书有效力，时间的分配很是重要：

（1）预先分配你的时间，最好每天有一个工作程序表，事前有计划、有效力地利用你的时间。

（2）工作时不要犹豫，立刻开始，不要拖延。许多学生失败是因为不能定心工作。

（3）事前预备所用的工具和材料，身边常带一本小册子，计划计划。将常用的书籍带在身边。

（4）要时时准备，不要考试的时候临时抱佛脚，以致精力涸竭，不能应付。许多失败的学生，在考试前深夜不睡，不顾饮食，缺乏休息和娱乐。

（三）要读书有效力，要有"选读"的技巧：

（1）在阅读之前，应当先把全文的组织、目录、标题、概要、序言等翻阅一遍，得到一个概念。这样在精读时更容易明了记忆。

（2）读书时不可忽略书中的图表和公式。它能使印象深刻，不易遗忘。

（3）要注意专门名词和新字新词。阅读时务必求其彻底学习，否则要影响对全文的理解。

（4）每读数分钟，要停止一下，回想所读的材料，撮其重要者背诵出来。

（四）要读书有效力，当养成写笔记的习惯：

（1）听讲或阅读时，要简单地、有组织地把大纲记下来。

（2）记录时要用自己的词句，并且时加按语。不要把演讲人的话逐字记录，那是没有意义的事。

（3）把笔记材料，归类编存，需用时，便于检查。

（4）研究一个题目，或是做一篇报告，应当将参考材料制成卡片，以便整理或是增减。

（五）要读书有效力，必须常加温习，予旧知识以新的估价：

（1）应当每隔相当的时间，把你的功课温习一遍。

（2）温习的时候，要有选择地温习。凡意义模糊、记忆不清的地方，再反复温习。

（3）将所温习的材料和自己的经验联络，或者予以实际的应用，则可增强记忆。

（六）要读书有效力，要注意考试的方法：

（1）开始答题以前，先将试题看一遍，可以计算你的时间，预定答案的繁简。

（2）问题式的考试，要先写一纲要，不要杂乱无章地写下去。

（3）回答完毕，交卷以前，总要把卷子重读一遍，看有没有要改正或遗漏的地方。

上面的一个有效的读书法，也许对你们太繁难了。有一次我读一个副刊，得到下面几条学习的重要法则，极其简单清楚：

（一）使你的身体健康。

（二）使外界的情形（如光线、温度、空气等）适宜学习。

（三）养成在一定地方学习的习惯。

（四）养成在一定时间学习的习惯。

（五）用全副精神学习，注意力集中。

（六）不要忧愁，放下心里烦恼的事情。

（七）要立志把学习的材料明白记得。

（八）非不得已时，不要请人帮助。

（九）你的知识和技能上如有弱点，要多费功夫来补救它。

（十）每次学习的时间不可过长，以免疲劳而伤精力。

（十一）努力学习之后，要有适当的休息，注意脑力和体力的轮流使用，或调换工作。

（十二）养成一种习惯，凡读完一段书文时，立刻回想一遍。

（十三）自备的书本上，看到重要的语句，要加标点，以便查阅。

（十四）看复杂的材料，要制定一个大纲，以帮助记忆。

（十五）学习了知识和技能，应当尽量尽早应用。

（十六）各种成语、术语、定义、公式、纲要、表解等，要清楚了解，要牢记勿忘。

（十七）诵读而求其记住，则朗读胜于默读，快读胜于慢读。

（十八）听到有价值的讲话，要做一篇笔记，写一个纲要。

（十九）注意观察自然现象和社会情形，与书本上之知识互相参证。

（二十）学过的功课要有定时的温习。

Part 5

-

大师们的阅读历程

我希望所有的人,珍重你们自己,珍重你们自己的希望,珍重你们自己的理想。不要在社会中一些堕落的、败坏的、邪恶的影响中迷失掉自己。

专门的辞典，也逐渐增加，寻检较易。但各人有各自的注意点，普通的检目，断不能如自己记别的方便。

我的读书经验

蔡元培

我自十余岁起,就开始读书。读到现在,将满六十年了,中间除大病或其他特别原因外,几乎没有一日不读点书的,然而我没有什么成就,这是读书不得法的缘故。我把不得法的概略写出来,可以做前车之鉴。

我的不得法,第一是不能专心。我初读书的时候,读的都是旧书,不外乎考据、词章两类。我的嗜好,在考据方面,是偏于诂训及哲理的,对于典章名物,是不大耐烦的;在词章上,是偏于散文的,对于骈文及诗词,是不大热心的。然而以一物不知为耻,种种都读;并且算学书也读,医学书也读,都没有读通。所以我曾经想编一部《说文声系义证》,又想编一本《公羊春秋大义》,都没有成书。所为文辞,不但骈文、诗词,没有一首可存的,就是散文也太平凡了。到了四十岁以后,我开始学德文,后来又学法文,我都没有好好儿做那记生字、练文法的苦功，而就是生吞活剥地看书，所以至今不能写一篇合格的文章，做一回短期的演说。在德国进大学听讲以后，哲学史、文学史、文明史、心理学、美学、美术史、民族学，通通去听，那时候，这几类的参考书，也就乱读起来了。后来虽勉自收缩，以美学与美术史为主，辅以民族学；然而这类的书终不能割爱，所以想译一本美学，想编一部比较的民族学，也都没有成书。

我的不得法，第二是不够勤笔。我的读书，本来抱一种利己主义，就是书里面的短处，我不大去搜寻它，我只注意于我所认为有用的或可爱的材料。这本来不算坏。但是我的坏处，就是我虽读的时候注意于这几点，但往往为速读起见，无暇把这几点摘抄出来，或在书上做一点特别的记号。若是有时候想起来，除了德文书检目特详，尚易检寻外，其他的书，几乎不容易寻到了。我国现在有人编"索引""引得"等等。又专门的辞典，也逐渐增加，寻检较易。但各人有各自的注意点，普通的检目，断不能如自己记别的方便。我尝见胡适之先生有一个时期出门常常携一两本线装书，在舟车上或其他忙里偷闲时翻阅，见到有用的材料，就折角或以铅笔做记号。我想他回家后或者尚有摘抄的手续。我记得有一部笔记，说王渔洋读书时，遇有新隽的典故或词句，就用纸条抄出，贴在书斋壁上，时时览读，熟了就揭去，换上新得的。所以他记得很多。这虽是文学上的把戏，但科学上何尝不可以仿作呢？我因为从来懒得动笔,所以没有成就。

我的读书的短处,我已经经验了许多的不方便,特地写出来,望读者鉴于我的短处,第一能专心,第二能勤笔。这一定有许多成效。

一九三五年四月十日

青年读书,是想有所作为,是为人生的,是顺时代潮流而动的。老年读书,则有点像经过长途跋涉之后,身心都有些疲劳,想停下桨橹,靠在河边柳岸,凉爽凉爽,休息一下了。

我的读书生活

孙犁

最近,北京一位朋友,独创新论,把我的创作生活,划为四个阶段。我觉得他的分期,很是新颖有意思。现在回忆我的读书生活,也按照他的框架,分四期叙述:

一、中学六年,为第一期

当然,读课外书,从小学就开始了。在村中上初小,我读了《封神演义》和《红楼梦》。在安国县上高小,我开始读新文学作品和新杂志,但集中读书,还是在保定育德中学的六年。

那时中学,确是一个读书环境。学校收费,为的是叫人家子弟多读些书;学生上学,父母供给不易,不努力读书,也觉得于心有愧。另外,离家很远,半年才得回去一次。整天吃住在学校,不读书,确实也难打发时光。特别是在高中二年,功课不那么紧,自己的学识有了些基础,读书眼界也开阔了一些,于是就把大部分时间用在读书上。读书的方式,一是到阅览室看报、看杂志。二是在图书馆借阅书籍。三是少量购买。读书兴趣,初中时为文艺作品,高中时为哲学、政治经济学和新的文艺理论。

中学时期,记忆力好,读过的书能够记得大概,对后来有用处。

二、毕业后流浪和做事,为第二期

在北平流浪、做事,断断续续,有三年时间,主要也是读书。逛市场,逛冷摊,也算是读书的机会。有时买本杂志,买本心爱的书,带回公寓看,那是很专心的。后来到安新县同口镇小学教书一年,教务很忙,当一个班的级任,教三个班的课,看两个班的作文,夜晚还得要读些书,并做笔记。挣钱虽少,买书算是第一用项。

三、抗日战争和解放战争,为第三期

这合起来是十一个年头。读书,也只能说是游击式的,逮住什么就看点什么,说什么时候集合,就放下不读。书也多是房东家的,自己也不愿多带书,那很累人。

在延安一年多,生活比较安定,鲁艺有个图书室,借读了一些书。

这十一年中，当然谈不上买书。

四、进城四十多年，为第四期

进城后，大量买书，已时常记在文字，不细说。其间又分几个小阶段：

初期，还买一些新的文艺书，后遂转为购置旧书。购旧书，先是买新印的；后又转为买石印的、木版的。

先是买笔记小说，后买正史、野史。以后又买碑帖、汉画像砖、铜镜拓片。还买出土文物画册，汉简汇编一类书册。总之是越买离本行越远，越读不懂，只是消磨时间，安定心神而已。

石印书、木版书，一般字体较大，书也轻便，对老年人来说，已是难得之物，所以我还是很爱惜它们。这些书，没有标点，注释也很简单，读时费力一些，但记得准确。现在，有些古书，经专家注释，本来很薄的一本，一下涨成了很厚的一册。正文夹在注释中间，如沉入大海，寻觅都难。我觉得这是喧宾夺主。古人注书，主张简要，且夹注在正文之间，读起来方便。另外，什么都注个详细，对读者也不一定就好。应该留些地方，叫读者自己去查考，渐渐养成治学的本领。我这种想法，不知当否？

我的读书，从新文艺转入旧文艺；从新理论转到旧理论；从文学转到历史。这一转化，也不知道是怎么形成的。这只是个人经历，不足为法。

我近年已很少买书，原因是：能买到的，不一定想看；想看的，又买不起。大部头的书，没地方安置，也搬拿不动了。

虽然买了那么多旧书，中国古典散文、诗歌，读得多些。词、曲，读得并不多。特别是宋词，中学时买过一些，现存的《全宋词》《六十名家词》，都捆放在那里，未能细读。元曲也是这样，《六十种曲》《元曲选》，买来都未细读。只是在中学时，迷恋过一阵《西厢记》和《牡丹亭》。这两种剧本，经我手，不知买过多少次。赋也不大喜欢读。近年在读《汉书》时，才连带读上一遍，也记不住了。

人的一生，虽是爱书的人，书也实在读不了多少，所以我劝人读选本。老年，对书的感情也渐渐淡了，远了。

平生读书是为了增加知识，探求文采。不读浅薄无聊之书，不看下流黄色小说，不在这上面浪费时光。一经发现，便不屑再顾。这绝非欺人之谈。

总之，青年读书，是想有所作为，是为人生的，是顺时代潮流而动的。老年读书，则有点像经过长途跋涉之后，身心都有些疲劳，想停下桨橹，靠在河边柳岸，凉爽凉爽，休息一下了。

一九九二年三月

读书曾值乱离年,学写新词比兴先。
历尽艰辛愁句在,老来思咏中兴篇。

读书曾值乱离年

叶嘉莹

我读书的时候,恰好是抗战的八年。我一九二四年出生,一九三七年卢沟桥事变发生时,我只有十三岁,当时在读初中二年级。我大学毕业,是一九四五年抗战胜利时。一九七九年前后,我开始回到南开教书的时候,跟很多老同学在北京聚会,我在京写了十二首小诗,其中一首是:

读书曾值乱离年,学写新词比兴先。
历尽艰辛愁句在,老来思咏中兴篇。

我的诗唯一的一点好处,就是"修辞立其诚"。我的诗一定是我真实的感情、生活和经历,而不是咬文嚼字地铺排一些辞藻。我从初中二年级到大学毕业的八年,是"读书曾值乱离年"。

我跟我的老师顾随羡季先生学词的时候是在沦陷区，我的老师写他在沦陷区里的生活和心情。词这个东西是非常微妙的，我也曾经教学生学习写词。他们有时候模仿南宋的词人。南宋词人的作品，也有好有坏有深有浅，有的词中也有不少的感慨寄托。可有的时候，这种词的风气流行下来，就只是咬文嚼字、雕琢章句，表面上看起来也很典雅，但是没有内容，没有真正的感情。

词这种文体，从晚唐五代的歌词之词，经过北宋的沦亡，到了南宋，有很多激昂慷慨的，所谓"豪放派"的词。到了南宋末年，有许多作者感慨南宋的败亡、蒙元的入主，有那样悲慨的词。清代也有很多有寄托的词。所以，《人间词话》的作者王国维先生曾经说，词，一定是在经历了很多的苦难之后，才写得越来越好。他说"天以百凶成就一词人"，这样的词才有深刻的意义。张惠言也说，一定是"贤人君子"有"幽约怨悱不能自言之情"而寄托于词。

我最初认识词，是在我刚刚考上初中的那一年，我母亲给我买了一套《词学小丛书》作为奖励。《词学小丛书》里有一卷纳兰性德的《饮水词》。纳兰其实跟我是本家，我们都是叶赫纳兰。我小的时候就读了纳兰词，我觉得他写得很不错，因为他写得很浅白，很容易懂。像"昏鸦尽，小立恨因谁。急雪乍翻香阁絮，轻风吹到胆瓶梅"，非常清新流利。

直到我到了大学，看到我老师沦陷区中的作品，我才发现，张惠言说，词里边要有比兴，不是空白的、白白说的一段话。我老师那些写于乱离之中的小词，有不得已的难言之情。那种曲折深婉的词，才有更深远的意义。

当年在沦陷区里，我们有一个共同的愿望，那就是祖国能够胜利归来。司马光写了《资治通鉴》，资治，就是对于治国的参考和借鉴。一个人，带着自己的历史；一个国家，也带着自己的历史。你不知道自己的历史，你就不知道你现在应该走向何方。

在我们抗战的时候，处在沦陷区的我们一心期盼的是祖国的胜利归来。可是祖国胜利归来以后，国民政府的接收就有了最大的一次失败。因为他们的自私，因为他们的贪婪，因为他们没有道德，没有品格，把接收变成"劫收"。所以，国民政府转眼就败退了。所谓"前车之鉴，后事之师"，一个人应该明白自己的历史，应该知道有些机会是来之不易的。

在抗战的时候，虽然是在艰辛和苦难之中，但沦陷区的人们都有盼望祖国光复的那种忠爱的愿望。随着祖国的军队步步撤退的工作人员和流亡的学生，宁可忍受千辛万苦，也要跟随着政府到后方去，其中就有我的父亲。我父亲是北京大学外文系毕业。时当晚清，许多读书人为了挽救危亡的祖国，用了各种不同的方法。有人参加了武力的革命工作。我父亲参加了航空署。

当时我们国家在航空事业上是一片空白，我们要跟西方国家学习，现在找到的我父亲的译稿一共有五十篇。我们国家走到今天，不再像当年的晚清一样受列强的侵略和宰割。我们现在能够站立起来，不是一件容易的事。大家应该珍惜这个机会，珍惜这个时代。

我最近还看了一本书，是弗兰克·富里迪的作品《知识分子都到哪里去了》。在这个时代，在这个世界，你看到社会上都是欲望，都是物欲，都是庸俗，都是商品化。古人说"人之异于禽兽者几希"。人与禽兽的不同之处在哪里？禽兽是没有反思，没有道德，没有教化的，它只有本身的欲望。动物只有欲望的驱使，没有理性，没有思想，没有理想。所以"人之异于禽兽者几希"。如果人也没有理想，没有持守，没有道德，那么他不仅跟动物一样，甚至比动物还不如。因为动物只是出于本能，出于生存的需要，才做那样的事情。而现在的一些人，可以用种种手段、种种机谋做很多伤天害理的事情。有的人就对这个社会感到悲观，觉得这个社会没有希望。

其实，每个人的希望都在于自己。

我以前看过一个电影《国王与我》。这个国王表面上看来没有什么知识，性情也很粗犷。可是，他的心是向善的。每一个人对自己的心之所向，都应该有一个持守：你的心是向着哪一方面的。我们国家能有今天很不容易，我们应该珍惜这一切。不要站在负面的那一方面，要站在正面的那一方面。你不要觉得一个人的力量是小的，每一个人的心之所向都是重要的。

什么是"学写新词比兴先"?看我的老师顾随先生苦难之中的作品《鹧鸪天》:

> 不是新来怯凭栏,小红楼外万重山。自添沉水烧心篆,一任罗衣透体寒。凝泪眼,画眉弯,更翻旧谱待君看。黄河尚有澄清日,不信相逢尔许难。

这首词是很微妙的,就像张惠言所说的"里巷男女哀乐之词"。这首词表面上所写的,就是里巷之中的少男少女的恋爱。可是一首好词,里边是有寄托的,隐藏了"贤人君子幽约怨悱不能自言之情"。

"不是新来怯凭栏",这个凭字在这里念仄声。"凭栏"就是"倚栏"。倚栏是什么?倚栏是望远。她说我现在"怯",就是我"怕"靠近那个栏杆,只要一靠近栏杆,我就看到"小红楼外万重山"。在我住的小红楼外,隔着万水千山。这写的是什么?是当时我们祖国在抗战之中的流亡惨象。我父亲一直跟随着政府,他在航空署,也就是后来成立的航空公司工作。他就在抵抗日本的那些城市之中。我母亲四年没有接到我父亲一封信,可是她知道,我父亲是跟着政府在败退流亡的途中。我母亲很忧伤,在抗战最艰苦的年代去世了。而我就是在那一年考上辅仁大学。

"自添沉水烧心篆,一任罗衣透体寒",是说,虽然我是孤独的、寂寞的，虽然我所爱的人离开了我，虽然我的祖国在败退，可是我没有放弃，我自己"自添沉水烧心篆"。"沉水"是一种香，有一种香叫作"沉香"，是一种有香气的木材。中国的小词向来有很精美的语言、很精美的形象。每一个语言，每一个形象，都有着丰富的含义。我要添的，是最珍贵的"沉水"的香。中国古代在房间里焚香是很讲究的，古人不只是简单地一圈一圈地盘，他们会盘成一个心字，盘成一个万字，盘成各种图形。沉水，是一种珍贵的香。心，不仅指形状的委曲转折，心的意义更代表了那种深切的感情。"自添沉水烧心篆"，我没有因为隔绝就放弃了，我永远保持我内心的芬芳和美好。也许四围的环境有丑陋，有罪恶，但是你要保持住你自己内心的那一点持守，你要珍重自己心之所向的那一方面。所以说"自添沉水烧心篆，一任罗衣透体寒"。

也许在这物欲横流的社会之中，你有所持守，就会遭到很多挫折、很多打击，你也会有痛苦。但是我不怕，任凭我穿着轻薄的罗衣，在寒冷的空气之中，我不躲藏，我不逃避。虽然我满眼都是泪水，但即使是"凝泪眼"，我也要远望，我也要期待我所爱的人回来，期待我的祖国胜利归来，期待我的祖国的复兴。

"凝泪眼"，我仍然要"画眉弯"，仍然要把我的眉毛画得很美丽。古人画眉，代表对自己才能和品德的珍重。"谱"，就是"眉谱"。中国古代，眉有眉谱，有卧蚕眉、小山眉、远山眉，各种形式的眉谱。画眉代表了一种爱美的、要好的品格。画给所爱的人看，那是对感情的珍重。我当年画给我爱的人看，画的就是这样的眉谱。而现在，我没有因为时代的改变就迎合潮流，去画另外的眉谱，我画的还是旧日的眉谱，所以说"更翻旧谱"。我相信你一定会回来。不要管外界如何，只要你有信心，只要你有持守，你就会等到所爱的人回来，你就会在社会上有你的一份力量。

每一个人都有自己的光芒，每一个人都有自己心里边发出来的力量。你的心是向着哪一方面的？我老师的词中说"黄河尚有澄清日，不信相逢尔许难"。中国古人说，黄河千年一清，尽管千年黄河才能够清，毕竟会有清的一日。意思是，我不相信你不会回来了，你一定会回来的，胜利一定会等到的。我们应该有一种美好的、向前的、向上的、向善的持守。

我们从乱离之中走过来很不容易。我希望所有的人，珍重你们自己，珍重你们自己的希望，珍重你们自己的理想。不要在社会中一些堕落的、败坏的、邪恶的影响中迷失掉自己。

（本文选入时标题有改动，段落经过重新编排，内容有删减）

我以为今日中国有志读书的人应该学通英文或日文,以做研究外国学问的工具,单读中国书,是不够的,我们应该多读外国书。

我的读书的经验

章衣萍

我幼时的最初的第一个教我读书的先生是我的祖父。我的祖父是一个前清的贡生,八股文、古文都做得很好。他壮年曾在乡间教书,后来改经商了,在休宁办了一个小学,他做校长。我的祖父是一个很庄重的人,他不苟言笑。乡间妇女看见都怕他,替他取了一个绰号,叫作"钟馗"。我幼时很怕我的祖父。他教我识字读书,第一件要紧的事是读得熟。我起初念《三字经》,后来念《幼学琼林》,再后来念《孝经》《论语》《孟子》《大学》《中庸》等书。这些书小孩子念来,自然是没有趣味,虽然我的祖父也替我讲解。我的祖父每次替我讲一篇书,或二三页,或四五页,总叫我一气先念五十遍。我幼时记性很好。有时每篇书念五十遍就能背诵了。但我的祖父以为就是能背诵了也不够,一定要再念五十遍或一百遍。往往一篇书每日念到四百遍的。有一次我竟念得大哭起来。现在想来,我的祖父的笨法虽然可笑,但我幼时所读的书到如今还有很多能背诵的。可见笨法也有好用处。

我的第二个教我读书的先生是我的父亲。我的父亲是一个商人,读书当然不多。但他有一个很好的信仰,是"开卷有益"。他因为相信宋太宗这句老话,所以对于我幼时看书并不禁止。我进高等小学已经九岁,那时已经读过许多古书,对于那些浮浅的国文教科书颇不满意。那时我寄宿在休宁潜阜店里,傍晚回店,便在店里找着小说来看:起初看的是《三国演义》,《三国演义》总看了至少十次,因为店里的伙计们没事时便要我讲三国故事,所以我不能不下苦功去研究。后来接着看《水浒传》《西游记》《封神传》《说唐》《说岳》《施公案》《彭公案》等书,凡在潜阜找得到、借得到的小说我都看。往往晚上点起蜡烛来看,后来竟把眼睛看坏了。

我的祖父教我读书要读得熟,我的父亲教我读书要读得多。我受了我祖父的影响,所以就是看小说也看到极熟,例如《三国演义》中的孔明祭周瑜的祭文(《三国演义》第五十七回),孔明的《出师表》(《三国演义》第九十一回)以及曹操在长江中作的诗(《三国演义》第四十八回),貂蝉在凤仪亭对吕布说的话(《三国演义》第八回)我都记得很熟。所以有一次高小里先生出了一个题目是"致友书",我便把"度日如年"(貂蝉对吕布说的)的话用上了。这样不求甚解地熟读书,自然不免有时闹出笑话,因为看小说时只靠着自己的幼稚的理解力，有些不懂的地方也囫囵过去了。这是很危险的，读书读得熟是要紧的，但还有要紧的事是要读得懂。

我受了我的父亲的影响，相信"开卷有益"，所以后来在师范学校的两年，对于功课不十分注意，课外的杂志新书却看得很多，那时徽州师范学校的校长是胡子承先生，他禁止学生作白话文、看《新青年》，但他愈禁止，我愈要看。我记得那时《新青年》上发表的胡适之、周作人、刘半农、沈尹默一些人的白话诗，我都背得很熟，我受《新青年》的影响，所以做白话文、白话诗，简直入迷，后来竟因此被学校开除。我现在所以有一些文学趣味全是我的多看书的影响，但我这些影响也有不好的地方，就是我个人看书到现在还是没有条理，多读书免不了乱读，乱读同乱吃东西一样，是有害的。

我十七岁到南京读书，在南京读了一年书后，胡适之先生到南京讲学，我去看他。我问他读书应该怎样读法，他说"应该克期"。克期是一本书拿到手里，定若干期限读完，就该准期读完。胡先生的话是很对的。我后来看书，也有时照着胡先生的话去做，只可惜生活问题压迫我，我在南京、北京读书全是半工半读，有时一本书拿到手里，想克期读完，竟不可能，在我，这是很痛苦的。现在，生活问题还没有解决，而苦痛的病魔又缠绕着我了。几时我才能真正"克期"去读书呢？

我的读书的经验如上面所说，是很简单的：第一，应该读得熟；第二，应该读得多；第三，应该克期读书。

我是一个不赞成现代学校制度的人，我主张"普通的自由"，我曾说：

> 吾国自清代光绪变政，设立学校，同时年级制也输了进来。年级制是以教员为中心，以教科书为工具，聚智愚不同的学生于一级，不问学生的个性，使他们同时学一样的功课，在一个教室内听讲，聪明的人嫌教师讲得太慢，呆笨的人嫌教师讲得太快。聪明的人只得坐在课堂打瞌睡，看小说，混时间，等着呆笨的人的追赶，呆笨的人却整日整夜地忙着，连吃饭，睡觉，如厕都没有工夫，结果还是追赶聪明人不上。所以有一次胡适之先生同我们一班小朋友说笑话："你们也想进学校吗？我以为学校是为呆笨人而设的。"对呀，现在所谓年级制的学校，的确是为呆笨人而设的。一本陈文编的《算术》，聪明的学生只要两个月就演完了，学校里偏要教上一年半载；一部顾颉刚编的《初中国文》，聪明的学生只要半年就可读完了，学校里偏要教上三年四年。况且在同一时间内，一定要强迫许多学生听同样的干燥无味的功课，所以有时教员正在堂上津津有味地讲"修身而后家齐，家齐而后国治，国治而后天下平"；学生的头脑里，也许竟在想，"贾宝玉初试云雨情""景阳冈武松打虎"……

我是不赞成现在的学校制度的。现代的学校可以使学生得着文凭,却不能包管学生得着学问。老实说,学校教育的用处,不过有几个教员,教学生读书读得懂而已。像上海滩上的一些野鸡大学,流氓教员,他们自己读书读得懂不懂还是一个问题。在今日中国有志读书的人,只有靠着自己,只有靠着自己去用功,学校是没有用处的。

有人说:"自己读书,读不懂怎样办呢?"我说:"可以去问懂得的人,你的朋友、你的亲戚、你的敬爱的先生,但不一定是在学校里的。"一切参考的书籍、字典,也可以帮助人们读书读得懂。

根据我的一点小小经验,给青年人——有志读书的青年人,进几条忠告:

第一,我以为读书应该多读,应该熟读,应该克期地读。

第二,我以为读书不懂便应该问朋友、亲戚、你所敬爱的先生,或是字典、参考书。读书应该每字每句都读懂,"不求甚解"是不对的。

第三,我以为今日中国有志读书的人应该学通英文或日文,以做研究外国学问的工具,单读中国书,是不够的,我们应该多读外国书。

我的话虽然简单而且浅薄呵，希望对于有志读书的中国青年，有一点小小的用处！

一九三一年三月二十日

（本文选入时有删减）

只有诗歌、小说、文艺,可以闲坐在草上花下或偃卧在眠床中阅读。要我读外国语或知识学科的书,我必须用笨功。

我的苦学经验

丰子恺

我于一九一九年,二十二岁的时候,毕业于杭州的浙江省立第一师范学校。这学校是初级师范。我在故乡的高等小学毕业,考入这学校,在那里肄业五年而毕业。故这学校的程度,相当于现在的中学校,不过是以养成小学教师为目的的。

但我于暑假时在这初级师范毕业后,既不做小学教师,也不升学,却就在同年的秋季,来上海创办专门学校,而做专门科的教师了。这种事情,现在我自己回想想也觉得可笑。但当时自有种种的因缘,使我走到这条路上。因缘者何?因为我是偶然入师范学校的,并不是抱了做小学教师的目的而入师范学校的。(关于我的偶然入师范,现在属于题外,不便详述。异日拟另写一文,以供青年们投考的参考。)故我在校中只是埋头攻学,并不注意于教育。在四年级的时候,我的兴味忽然集中在图画上了。甚至抛弃其他一切课业而专习图画,或托事请假而到西湖上去作风景写生。所以我在校的前几年，学期考试的成绩屡列第一名，而毕业时已降至第二十名。因此毕业之后，当然无意于做小学教师，而希望发挥自己所热衷的图画。但我的家境不许我升学而专修绘画。正在踌躇之际，恰好有同校的高等师范图画手工专修科毕业的吴梦非君，和新从日本研究音乐而归国的旧同学刘质平君，计议在上海创办一个养成图画音乐手工教员的学校，名曰专科师范学校。他们正在招求同人。刘君知道我热衷于图画而又无法升学，就来拉我去帮办。我也不自量力，贸然地答允了他。于是我就做了专科师范的创办人之一，而在这学校之中教授西洋画等课了。这当然是很勉强的事。我所有关于绘画的学识，不过在初级师范时偷闲画了几幅木炭石膏模型写生，又在晚上请校内的先生教些日本文，自己向师范学校的藏书楼中借得一部日本明治年间出版的《正则洋画讲义》，从其中窥得一些陈腐的绘画知识而已。我犹记得，这时候我因为自己只有一点对于石膏模型写生的兴味，故竭力主张"忠实写生"的画法，以为绘画以忠实模写自然为第一要义。又向学生演说，谓中国画的不忠于写实，为其最大的缺点；自然中含有无穷的美，唯能忠实于自然模写者，方能发现其美。就拿自己在师范学校时放弃了晚间的自修课而私下在图画教室中费了十七小时而描成的 Venus（维纳斯）头像的木炭画揭示学生，以鼓励他们的忠实写生。当一九二〇年的时代，而我在上海的绘画专门学校中厉行这样的画风，现在回想起来，真是闭门造车。然而当时的环境，颇能容纳我这种教法。因为当时中国宣传西洋画的机关绝少，上海只有一所美术专门学校，专科师范是第二个兴起者。当时社会上人士，大半尚未知道西洋画为何物，或以为美女月份牌就是西洋画的代表，或以为香烟牌子就是西洋画的代表。所以在世界上看来我虽然是闭门造车，但在中国之内，我这种教法大可卖野人头呢。但野人头终于不能常卖，后来我渐渐觉得自己的教法陈腐而有破绽了，因为上海宣传西洋画的机关日渐多起来，从东西洋留学归国的西洋画家也时有所闻了。我又在上海的日本书店内购得了几册美术杂志，从中窥知了一些最近西洋画界的消息，以及日本美术界的盛况，觉得从前在《正则洋画讲义》中所得的西洋画知识，实在太陈腐而狭小了。虽然别的绘画学校并不见有比我更新的教法，归国的美术家也并没有什么发表，但我对于自己的信用已渐渐丧失，不敢再在教室中扬眉瞬目而卖野人头了。我懊悔自己冒昧地当了这教师。我在布置静物写生标本的时候，曾为了一只青皮的橘子而起自伤之念，以为我自己犹似一只半生半熟的橘子，现在带着青皮卖掉，给人家当作习画标本了。我想窥见西洋画的全豹，我也想到东西洋去留学，做了美术家而归国。但是我的境遇不许我留学。况且我这时候已经有了妻子。做教师所得的钱，赡养家庭尚且不够，哪里来留学的钱呢？经过了许久烦恼的日月，终于决定非赴日本不可。我在专科师范中当了一年半的教师，在一九二一年的早春，向我的姐丈周印池君借了四百块钱（这笔钱我才于二三年前还他。我很感谢他第一个惠我的同情），就抛弃了家庭，独自冒险地到东京去了。得去且去，以后的问题以后再说。至少，我用完了这四百块钱而回国，总得看一看东京美术界的状况了。

但到了东京之后，就有许多关切的亲戚朋友，设法接济我的经济。我的岳父给我约了一个一千元的会，按期寄洋钱给我，专科师范的同人吴刘二君，亦各以金钱相遗赠，结果我一共得了约两千块钱，在东京维持了足足十个月的用度，到了同年的冬季，金尽而返国。这一去称为留学嫌太短，称为旅行嫌太长，成了三不像的东西。同时我的生活也是三不像的。我在这十个月内，前五个月是上午到洋画研究会中去习画，下午读日本文。后五个月废止了日本文，而每日下午到音乐研究会中去学提琴，晚上又去学英文。然而各科都常常请假，拿请假的时间来参观展览会，听音乐会，访图书馆，看 opera（歌剧），以及游玩名胜，钻旧书店，跑夜摊（yomise）。因为这时候我已觉悟了各种学问的深广，我只有区区十个月的求学时间，决不济事。不如走马看花，吸呼一些东京艺术界的空气而回国吧。幸而我对于日本文，在国内时已约略懂得一点，会话也早已学得了几声。到东京后，旅舍中唤茶、商店中买物等事，勉强能够对付。我初到东京的时候，随了众同国人入东亚预备学校学习日语，嫌其程度太低，教法太慢，读了几个礼拜就辍学。自己异想天开,为了学习日本语的目的,向一个英语学校的初级班报名,每日去听讲两小时。他们是"从 A boy、A dog"教起的,所用的英文教本与开明第一英文读本程度相同。对于英文我已完全懂得,我的目的是要听这位日本先生怎样地用日本语来解说我所已懂得的英文,便在这时候偷取日本语会话的诀窍,这异想天开的办法果然成功了。我在那英语学校里听了一个月讲,果然于日语会话及听讲上获得了很多的进步。同时看书的能力也进步起来。本来我只能看《正则洋画讲义》一类的刻板的叙述体文字,现在连《不如归》和《金色夜叉》(日本旧时很著名的两部小说)都会读了。我的对于文学的兴味,是从这时候开始的。以后我就为了学习英语的目的而另入一英语学校。我报名入最高的一班,他们教我读伊尔文的 *Sketch Book*。这时候我方才知道英文中有这许多难记的生字(我在师范学校毕业时只读到《天方夜谭》)。兴味一浓,我便嫌先生教得太慢。后来在旧书店里找到了一册 *Sketch Book* 讲义录,内有详细的注解和日译文,我确信这可以自修,便辍了学,每晚伏在东京的旅舍中自修 *Sketch Book*。我自己限定于几个礼拜之内把此书中所有一切生字抄写在一张图画纸上,把每字剪成一块块的纸牌,放在一只匣子中。每天晚上,像摸数算命一般地向匣子中探摸纸牌,温习生字。不久生字都记诵,*Sketch Book* 全部都会读,而读起别的英语小说来也很自由了。路上遇见英语学校的同学,询知道他们只教了全书的几分之一,我心中觉得非常得意。从此,我对于学问相信用机械的方法而下苦功。知识这样东西,要其能够于应用,分量原是有限的。我们要获得一种知识,可以先定一个范围,立一个预算,每日学习若干,则若干日可以学毕,然后每日切实地实行,非大故不准间断,如同吃饭一样。照我当时的求学的勇气预算起来,要得各种学问都不难:东西洋知名的几册文学大作品,我可以克日读完;德文法文等,我都可以依赖各种自修书而在最短时期内学得读书的能力;提琴教则本 Homahmn(《霍曼》)五册。我能每日练习四小时而在一年之内学毕;除了绘画不能硬要进步以外,其余的学问,在我都可以用机械的用功方法来探求其门径。然而这都是梦想,我的正式求学的时间只有十个月,能学得几许的学问呢?我回国之后,回想在东京所得的,只是描了十个月的木炭画,拉完了三本 Homahmn,此外又带了一些读日本文和读英文的能力而回国。回国之后,我为了生活和还债,非操职业不可。没有别的职业可操,只得仍旧做教师。一直做到了今年的秋季。十年来我不断地在各处的学校中做图画音乐或艺术理论的教师。一场重大的伤寒病令我停止了教师的生活。现在蛰居在嘉兴的穷巷老屋中,伴着了药炉茶灶而写这篇稿子。

故我出了中学以后,正式求学的时期只有可怜的十个月。此后都是非正式的求学,即在教课的余暇读几册书而已。但我的绘画音乐的技术,从此日渐荒废了。因为技术不比别的学间，需要种种的设备，又需要每日不断的练习时间。研究绘画须有画室，研究音乐须有乐器，设备不周就无从用功。停止了几天，笔法就生疏，手指就僵硬。做教师的人，居处无定，时间又无定，教课准备又忙碌，虽有利用课余以研究艺术的梦想，但每每不能实行。日久荒废更甚。我的油画箱和提琴，久已高搁在书橱的最高层，其上积着寸多厚的灰尘了。手痒的时候，拿毛笔在废纸上涂抹，偶然成了那种漫画。口痒的时候，在口琴上吹奏简单的旋律，令家里的孩子们和着了唱歌，聊以慰藉我对于音乐的嗜好。世间与我境遇相似而酷嗜艺术的青年们，听了我的自述，恐要寒心吧！

但我幸而还有一种可以自慰的事，这便是读书。我的正式求学的十个月，给了我一些阅读外国文的能力。读书不像研究绘画音乐地需要设备，也不像研究绘画音乐地需要每日不断的练习。只要有钱买书，空的时候便可阅读。我因此得在十年的非正式求学期中读了几册关于绘画、音乐艺术等的书籍，知道了世间的一些些事。我在教课的时候，常把自己所读过的书译述出来，给学生们做讲义。后来有朋友开书店，我乘机把这些讲义稿子交他刊印为书籍，不期地走到了译著的一条路上。现在我还是以读书和译著为生活。回顾我的正式求学时代，初级师范的五年只给我一个学业的基础，东京的十个月间的绘画音乐的技术练习已付诸东流。独有非正式求学时代的读书，十年来一直随伴着我，慰藉我的寂寥，扶持我的生活。这真是以前所梦想不到的偶然的结果。我的一生都是偶然的，偶然入师范学校，偶然欢喜绘画音乐，偶然读书，偶然译著，此后正不知还要逢到何种偶然的机缘呢。

读我这篇自述的青年诸君！你们也许以为我的读书生活是幸运而快乐的；其实不然，我的读书是很苦的。你们都是正式求学，正式求学可以堂堂皇皇地读书，这才是幸运而快乐的。但我是非正式求学，我只能伺候教课的余暇而偷偷隐隐地读书。做教师的人，上课的时候当然不能读书，开议会的时候不能读书，监督自修的时候也不能读书，学生课外来问难的时候又不能读书，要预备明天的教授的时候又不能读书。担任了它一小时的功课，便是这学校的先生，便有参加议会、监督自修、解答问难、预备教授的义务；不复为自由的身体，不能随了读书的兴味而读书了。我们读书常被教务所打断，常被教务所分心，决不能像正式求学的诸君的专一。所以我的读书，不得不用机械的方法而下苦功，我的用功都是硬做的。

我在学校中，每每看见用功的青年们，闲坐在校园里的青草地上，或桃花树下，伴着蜂蜂蝶蝶、燕燕莺莺，手执一卷而用功。我羡慕他们，真像潇洒的林下之士！又有用功的青年们，拥着棉被高枕而卧在寝室里的眠床中，手执一卷而用功。我也羡慕他们，真像耽书的大学问家！有时我走近他们去，借问他们所读为何书，原来是英文数学或史地理化，他们是在预备明天的考试。这使我更加要羡慕煞了。他们能用这样轻快闲适的态度而研究这类知识科学的书,岂真有所谓"过目不忘"的神力吗?要是我读这种书,我非吃苦不可。我须得埋头在案上,行种种机械的方法而用笨功,以硬求记诵。诸君倘要听我的笨话,我愿把我的笨法子一一说给你们听。

在我,只有诗歌、小说、文艺,可以闲坐在草上花下或偃卧在眠床中阅读。要我读外国语或知识学科的书,我必须用笨功。请就这两种分述之。

第一,我以为要通一国的国语,须学得三种要素,即构成其国语的材料、方法,以及其语言的腔调。材料就是"单语",方法就是"文法",腔调就是"会话"。我要学得这三种要素,都非行机械的方法而用笨功不可。

"单语"是一国语的根底。任凭你有何等的聪明力,不记单语决不能读外国文的书,学生们对于学科要求伴着趣味,但谙记生字极少有趣味可伴,只得劳你费点心了。我的笨法子即如前所述,要读 Sketch Book,先把 Sketch Book 中所有的生字写成纸牌,放在匣中,每天摸出来记诵一遍。记牢了的纸牌放在一边,记不牢的纸牌放在另一边,以便明天再记。每天温习已经记牢的字,勿使忘记。等到全部记诵了,然后读书,那时候便觉得痛快流畅。其趣味颇足以抵偿摸纸牌时的辛苦。我想熟读英文字典,曾统计字典上的字数,预算每天记诵二十个字,若干时日可以记完。但终于未曾实行。倘能假我数年正式求学的日月,我一定已经实行这计划了。因为我曾仔细考虑过,要自由阅读一切的英语书籍，只有熟读字典是最根本的善法。后来我向日本购买一册《和英根底一万语》，假如其中一半是我所已知的，则每天记二十个字，不到一年就可记完，但这计划实行之后，终于半途而废。阻碍我的实行的，都是教课。记诵《和英根底一万语》的计划，我现在还保留在心中，等候实行的机会呢。我的学习日本语，也是用机械的硬记法。在师范学校时，就在晚上请校中的先生教日语。后来我买了一厚册的《日语完璧》，把后面所附的分类单语，用前述的方法一一记诵。当时只是硬记，不能应用，且发音也不正确；后来我到了日本，从日本人的口中听到我以前所硬记的单语，实证之后，我脑际的印象便特别鲜明，不易忘记。这时候的愉快也很可以抵偿我在国内硬记时的辛苦。这种愉快使我甘心消受硬记的辛苦，又使我始终确信硬记单语是学外国语的最根本的善法。

关于学习"文法"，我也用机械的笨法子。我不读文法教科书，我的机械的方法是"对读"。例如拿一册英文圣书和一册中文圣书并列在案头，一句一句地对读。积起经验来，便可实际理解英语的构造和各种词句的腔调。圣书之外，他种英文名著和名译，我亦常拿来对读。日本有种种英和对译丛书，左页是英文，右页是日译，下方附以注解。我曾从这种丛书得到不少的便利。文法原是本于论理的，只要论理的观念明白，便不学文法，不分 noun（名词）与 verb（动词）亦可以读通英文。但对读的态度当然是要非常认真。需要一句一字地对勘，不解的地方不可轻轻通过，必须明白了全句的组织，然后前进。我相信认真地对读几部名作，其功效足可抵得学校中数年英文教科。——这也可说是无福享受正式求学的人的自慰的话；能入学校中受先生教导，当然比自修更为幸福。我也知道入学是幸福的，但我真犯贱，嫌它过于幸福了。自己不费钻研而袖手听讲，由先生拖长了时日而慢慢地教去，幸福固然幸福了，但求学心切的人怎能耐烦呢？求学的兴味怎能不被打断呢？学一种外国语要拖长许久的时日，我们的人生有几回可供拖长呢？语言文字，不过是求学问的一种工具，不是学问的本身。学些工具都要拖长许久的时日，此生还来得及研究几许学问呢？拖长了时日而学外国语，真是俗语所谓"拉得被头直，天亮了"。我固然无福消受入校正式求学的幸福；但因了这个理由，我也不愿消受这种幸福，而宁愿独自来用笨功。

关于"会话"，即关于言语的腔调的学习，我又喜用笨法子。学外国语必须通会话。与外国人对晤当然须通会话，但自己读书也非通会话不可。因为不通会话，不能体会语言的腔调；腔调是语言的神情所寄托的地方，不能体会腔调，便不能彻底理解诗歌、小说、戏剧等文学作品的精神。故学外国语必须通会话。能与外国人共处，当然最便于学会话。但我不幸而没有这种机会，我未曾到过西洋，我又是未到东京时先在国内自习会话的。我的学习会话，也用笨法子，其法就是"熟读"。我选定了一册良好而完全的会话书，每日熟读一课，克期读完。熟读的方法更笨，说来也许要惹人笑。我每天自己上一课新书，规定读十遍。计算遍数，用选举开票的方法，每读一遍，用铅笔在书的下端画一笔，便凑成一个字。不过所凑成的不是选举开票用的"正"字，而是一个"讀"字。例如第一天读第一课，读十遍，每读一遍画一笔，便在第一课下面画了一个"言"字和一个"士"字。第二天读第二课，亦读十遍，亦在第二课下面画一个"言"字和一个"士"字，继续又把昨天所读的第一课温习五遍，即在第一课的下面加了一个"四"字。第三天在第三课下画一"言"字和"士"字，继续温习昨日的第二课，在第二课下面加一"四"字，又继续温习前日的第一课，在第一课下面再加了一个"目"字。第四天在第四课下面画一"言"字和一"士"字，继续在第三课下加一"四"字，第二课下加一"目"字，第一课下加一"八"字，到了第四天而第一课下面的"讀"字方始完成。这样下去，每课下面的"讀"字，逐一完成。"讀"字共有二十二笔，故每课共读二十二遍，即生书读十遍，第二天温五遍，第三天又温五遍，第四天再温二遍。故我的旧书中，都有铅笔画成的"讀"字，每课下面有了一个完全的"讀"字，即表示已经熟读了。这办法有些好处：分四天温习，屡次反复，容易读熟。我完全信托这机械的方法，每天像和尚念经一般地笨读。但如法读下去，前面的各课自会逐渐地从我的唇间背诵出来，这在我又感到一种愉快，这愉快也足可抵偿笨读的辛苦，使我始终好笨而不迁。会话熟读的效果，我于英语尚未得到实证的机会，但于日本语我已经实证了。我在国内时只是笨读，虽然发音和语调都不正确，但会话的资料已经完备了。故一听到日本人的说话，就不难就自己所已有的资料而改正其发音和语调，比较到了日本而从头学起来的，进步快速得多。不但会话，我又常从对读的名著中选择几篇自己所最爱读的短文，把它分为数段，而用前述的笨法子按日熟读。例如 Stevenson（斯蒂文生）和夏目漱石的作品，是我所最喜熟读的材料。我的对于外国语的理解，和对于文学作品的理解，都因了这熟读的方法而增进一些。这益使我始终好笨而不迁了。——以上是我对于外国语的学习法。

第二，对于知识学科的书的读法，我也有一种见地：知识学科的书，其目的主要在于事实的报告；我们读史、地、理、化等书，亦无非欲知道事实。凡一种事实，必有一个系统。分门别类，源源本本，然后成为一册知识学科的书。读这种书的第一要点，是把握其事实的系统。即读者也须源源本本地谙记其事实的系统，却不可从局部着手。例如研究地理，必须源源本本地探求世界共分几大洲，每大洲有几国，每国有何种山川形胜等。则读毕之后，你的头脑中就摄取了地理的全部学问的梗概，虽然未曾详知各国各地的细情，但地理是什么样一种学问，我们已经知道了。反之，若不从大处着眼，而孜孜从事于局部的记忆，即使你能背诵喜马拉雅山高几尺，尼罗河长几里，也只算一种零星的知识，却不是研究地理。故把握系统，是读知识学科的书籍的第一要点。头脑清楚而记忆力强大的人，凡读一书，能处处注意其系统，而在自己的头脑中分门别类，做成井然的条理；虽未看到书中详叙细事的地方，亦能知道这详叙位在全系统中哪一门、哪一类、哪一条之下，及其在全部中重要程度如何。这仿佛在读者的头脑中画出全书的一览表，我认为这是知识书籍的最良的读法。

但我的头脑没有这样清楚，我的记忆力没有这样强大。我的头脑中地位狭窄，画不起一览表来。倘教我闲坐在草上花下或偃卧在眠床中而读知识学科的书，我读到后面便忘记前面。终于弄得条理不分，心烦意乱，而读书的趣味完全灭杀了。所以我又不得不用笨法子。我可用一本 notebook（笔记本）来代替我的头脑，在 notebook 中画出全书的一览表。所以我读书非常吃苦，我必须准备 notebook 和笔，埋头在案上阅读。读到纲领的地方，就在 notebook 上列表，读到重要的地方，就在 notebook 上摘要。读到后面，又须时时翻阅前面的摘记，以明此章此节在全体中的位置。读完之后，我便抛开书籍，把 notebook 上的一览表温习数次。再从这一览表中摘要，而在自己的头脑中画出一个极简单的一览表。于是这部书总算读过了。我凡读知识学科的书，必须用 notebook 摘录其内容的一览表。所以十年以来，积了许多的 notebook，经过了几次迁居损失之后，现在的废书架上还留剩着半尺多高的一堆

notebook 呢。

我没有正式求学的福分,我所知道于世间的一些些事,都是从自己读书而得来的;而我的读书,都须用上述的机械的笨法子。所以看见闲坐在青草地上,桃花树下,伴着蜂蜂蝶蝶、燕燕莺莺而读英文、数学教科书的青年学生,或拥着棉被高枕而卧在眠床中读史、地、理、化教科书的青年学生,我羡慕得真要怀疑!

一九三〇年十一月十三日,嘉兴

读书是要知道宇宙间的现象,就是书上所说的事情;而书上所说的事情,也要把它转化成眼前所见的事情。如此,则书本的记载,和阅历所得,合同而化,才是真正的学问。

从我学习历史的经过说到现在的学习方法

吕思勉

一、少年得益于父母师友

我和史学发生关系,还远在八岁的时候。我自能读书颇早,这一年,先母程夫人始取《纲鉴正史约编》,为我讲解。先母无暇时,先姊颁宜(讳永萱)亦曾为我讲解过。约讲至楚汉之际,我说:"我自己会看了。"于是日读数页。约读至唐初,而从同邑魏少泉(景征)先生读书。先生命我点读《纲鉴易知录》,《约编》就没有再看下去,《易知录》是点读完毕的。十四岁,值"戊戌变法"之年,此时我已能作应举文字。八股既废,先师族兄少木(讳景栅)命我点读《通鉴辑览》,约半年而毕。当中日战时,我已读过徐继畬的《瀛环志略》,并翻阅过魏默深的《海国图志》,该两书中均无德意志之名,所以竟不能知德国所在,由今思之,真觉得可笑了。是年,始得邹沅帆的《五洲列国图》,读日本冈本监辅的《万国史记》、蔡尔康所译《泰西新史揽要》,及王韬的《普法战纪》;黄公度的《日本国志》则读而未完,是为我略知世界史之始。明年,出应小试,侥幸入学。先考誉千府君对我说:"你以后要多读些书,不该竞竞于文字之末了。"我于是又读《通鉴》、毕沅的《续通鉴》和陈克家的《明纪》,此时我读书最勤,读此三书时,一日能尽十四卷,当时茫无所知,不过读过一遍而已。曾以此质诸先辈,先辈说:"初读书时,总是如此,读者是要自己读出门径来的,你读过两三千卷书,自然自己觉得有把握,有门径。初读书时,你须记得《曾文正公家书》里的话:'读书如略地,但求其速,勿求其精。'"我谨受其教,读书不求甚解,亦不求记得,不过读过就算而已。十七岁,始与表兄管达如(联第)相见。达如为吾邑名宿谢钟英先生之弟子,因此得交先生之子立恒(观),间接得闻先生之绪论。先生以考证著名,尤长于地理,然我间接得先生之益的,却不在其考证,而在其论事之深刻。我后来读史,颇能将当世之事,与历史上之事实互勘,而不为表面的记载所囿,其根基实植于此时。至于后来,则读章太炎、严几道两先生的译著,受其启发亦非浅。当世之所以称严先生者为译述,称章先生为经学、为小学、为文学,以吾观之,均不若其议论能力求核实之可贵。

苏常一带读书人家,本有一教子弟读书之法,系于其初能读书时,使其阅《四库全书书目提要》一过,使其知天下(当时之所谓天下)共有学问若干种?每种的源流派别如何?重要的书，共有几部？实不害于读书之前，使其泛览一部学术史，于治学颇有裨益。此项功夫，我在十六七岁时亦做过，经、史、子三部都读完，唯集部仅读一半。我的学问，所以不至十分固陋，于此亦颇有关系（此项功夫，现在的学生，亦仍可做，随意浏览，一暑假中可毕）。

十七岁这一年，又始识同邑丁桂征（同绍）先生。先生之妻为予母之从姊。先生为经学名家，于小学尤精熟，问以一字，随手检出《说文》和《说文》以后的字书，比我们查字典还要快。是时，吾乡有一个龙城书院，分课经籍、舆地、天算、词章。我有一天，做了一篇讲经学上的考据文字，拿去请教先生，先生指出我对于经学许多外行之处，因为我略讲经学门径，每劝我读《说文》及注疏。我听了先生的话，乃把《段注说文》阅读一过，又把《十三经注疏》亦阅读一过，后来治古史略知运用材料之法，植基于此。

二、我学习历史的经过

我少时所得于父母师友的，略如上述，然只在方法方面；至于学问宗旨，则反以受漠不相识的康南海先生的影响为最深，而梁任公先生次之。这大约是性情相近之故吧！我的感情是强烈的，而我的见解亦尚通达，所以于两先生的议论，最为投契。我的希望，是世界大同，而我亦确信世界大同之可致，这种见解，实植根于髫年读康先生的著作时，至今未变。至于论事,则极服膺梁先生,而康先生的上书记(康先生上书,共有七次:第一至第四书合刻一本;第五、第七,各刻一本;唯第六书未曾刊行),我亦受其影响甚深。当时的风气,是没有现在分门别类的科学的,一切政治上社会上的问题,读书的人都该晓得一个大概,这即是当时的所谓"经济之学"。我的性质,亦是喜欢走这一路的,时时翻阅《经世文编》一类的书,苦于掌故源流不甚明白。十八岁,我的姨丈管凌云(讳元善)先生,即达如君之父,和汤蛰仙(寿潜)先生同事,得其书《三通考辑要》,劝我阅读。我读过一两卷,大喜,因又求得《通考》原本,和《辑要》对读,以《辑要》为未足,乃舍《辑要》而读原本。后来又把《通典》和《通考》对读,并读过《通志》的二十略。此于我的史学,亦极有关系。人家都说我治史喜欢讲考据,其实我是喜欢讲政治和社会各问题的,不过现在各种社会科学都极精深,我都是外行,不敢乱谈,所以只好讲讲考据罢了。

年二十一岁,同邑屠敬山(寄)先生在读书阅报社讲元史,我亦曾往听。先生为元史专家,考据极精细,我后来好谈民族问题,导源于此。

我读正史,始于十五岁时,初取《史记》,照归、方评点,用五色笔照录一次,后又向丁桂征先生借得前后《汉书》评本,照录一过。《三国志》则未得评本,仅自己点读一过,都是当作文章读的,于史学无甚裨益。我此时并读《古文辞类纂》和王先谦的《续古文辞类纂》，对于其圈点，相契甚深。我于古文，虽未致力，然亦略知门径，其根基实植于十五岁、十六岁两年读此数书时。所以我觉得要治古典主义文学的人，对于前人良好的圈点，是相需颇殷的。古文评本颇多，然十之八九，大率俗陋，都是从前做八股文字的眼光，天分平常的人，一入其中，即终身不能自拔。如得良好的圈点，用心研究，自可把此等俗见，祛除净尽，这是枝节，现且不谈。四史读过之后，我又读《晋书》《南史》《北史》《新唐书》和《新五代史》，亦如其读正续《通鉴》及《明纪》然，仅过目一次而已。听屠先生讲后，始读辽、金、元史，并将其余诸史补读。第一次读遍，系在二十三岁时，正史是最零碎的，匆匆读过，并不能有所得，后来用到时，又不能不重读。人家说我正史读过遍数很多，其实不然，我于四史，《史记》《汉书》《三国志》读得最多，都曾读过四遍，《后汉书》《新唐书》《辽史》《金史》《元史》三遍，其余都只两遍而已。

我治史的好讲考据，受《日知录》《廿二史札记》两部书，和梁任公先生在杂志中发表的论文影响最深。章太炎先生的文字，于我亦有相当影响；亲炙而受其益的，则为丁桂征、屠敬山两先生。考据并不甚难，当你相当地看过前人之作，而自己读史又要去推求某一事件的真相时，只要你肯下功夫去搜集材料，材料搜集齐全时，排比起来，自然可得一结论。但是对于群书的源流和体例，须有常识。又什么事件，其中是有问题的，值得考据，需要考据，则是由于你的眼光而决定的。眼光一半由于天资，一半亦由于学力。涉猎的书多了，自然读一种书时，容易觉得有问题，所以讲学问，根基总要相当广阔，而考据成绩的好坏，并不在于考据的本身。最要不得的，是现在学校中普通做论文的方法，随意找一个题目，甚而至于是人家所出的题目。自己对于这个题目，本无兴趣，自亦不知其意义，材料究在何处，亦茫然不知。于是乎请教先生，而先生亦或是一知半解的，好的还会举出几部书名来，差的则不过以类书或近人的著作塞责而已（以类书为线索，原未始不可，若径据类书撰述，就是笑话了）。不该不备，既无特见，亦无体例，聚集抄撮，不过做一次高等的抄胥工作。做出来的论文，既不成其为一物，而做过一次，于研究方法，亦毫无所得，小之则浪费笔墨，大之则误以为所谓学问，所谓著述，就是如此而已，则其贻害之巨，有不忍言者已。此亦是枝节，搁过不谈（此等弊病，非但中国如此，即外国亦然。抗战前，上海《大公报》载有周太玄先生的通信，曾极言之）。

三、社会科学是史学的根基

我学习历史的经过，大略如此，现在的人，自无从再走这一条路。史学是说明社会之所以然的，即说明现在的社会，为什么成为这个样子。对于现在社会的成因，既然明白，据以猜测未来，自然可有几分用处了。社会的方面很多，从事于观察的，便是各种社会科学。前人的记载，只是一大堆材料。我们必先知观察之法，然后对于其事，乃觉有意义，所以各种社会科学，实在是史学的根基，尤其是社会学。因为社会是整个的，所以分为各种社会科学，不过因一人的能力所限，分从各方面观察，并非其事各不相干，所以不可不有一个综合的观察。综合的观察，就是社会学了。我尝觉得中学以下的讲授历史，并无多大用处。历史的可贵，并不在于其记得许多事实，而在其能根据事实，以说明社会进化的真相，非中学学生所能；若其结论系由教师授与，则与非授历史何异？所以我颇主张中等学校以下的历史，改授社会学，而以历史为注脚，到大学以上，再行讲授历史。此意在战前，曾在《江苏教育》上发表过，未能引起人们的注意。然我总觉得略知社会学的匡廓，该在治史之先。至于各种社会科学，虽非整个的，不足以揽其全，亦不可以忽视。为什么呢？大凡一个读书的人，对于现社会，总是觉得不满足的，尤其是社会科学家，他必先对于现状，觉得不满，然后要求改革；要求改革，然后要想法子；要想法子，然后要研究学问。若其对于现状，本不知其为好为坏，因而没有改革的思想，又或明知其不好，而只想在现状之下，求个苟安，或者捞摸些好处，因而没有改革的志愿，那还讲做学问干什么？所以对于现状的不满，乃是治学问者，尤其是治社会科学者真正的动机。此等愿望，诚然是社会进步的根源；然欲遂行改革，非徒有热情，便可济事，必须有适当的手段；而这个适当的手段，就是从社会科学里来的。社会的体段太大了，不像一件简单的物事，显豁呈露地摆在我们面前，其中深曲隐蔽之处很多，非经现代的科学家，用科学方法，仔细搜罗，我们根本还不知道有这回事，即使觉得有某项问题，亦不会知其症结之所在。因而我们想出来的对治的方法，总像斯宾塞在《群学肄言》里所说的："看见一个铜盘，正面凹了，就想在其反面凸出处打击一下，自以为对症发药，而不知其结果只有更坏。"发行一种货币，没有人肯使用，就想用武力压迫，就是这种见解最浅显的一个例子。其余类此之事还很多，不胜枚举，而亦不必枚举。然则没有科学上的常识，读了历史上一大堆事实的记载，又有何意义呢？不又像我从前读书，只是读过一遍，毫无心得了吗？所以治史而能以社会科学为根柢，至少可以比我少花两三年工夫，而早得一些门径。这是现在治史学的第一要义，不可目为迂腐而忽之。

对于社会科学，既有门径，即可进而读史，第一步，宜就近人所著的书，拣几种略读，除本国史外，世界各国的历史，亦须有一个相当的认识；因为现代的历史，真正是世界史了，任何一国的事实，都不能撇开他国而说明。既然要以彼国之事，来说明此国之事，则对于彼国既往之情形，亦非知道大概不可。况且人类社会的状态，总是大同小异的：其异乃由于环境之殊，此如夏葛而冬裘，正因其事实之异，而弥见其原理之同。治社会科学者最怕的是严几道所说的"国拘"，视自己社会的风俗制度为天经地义,以为只得如此,至少以为如此最好。此正是现在治各种学问的人所应当打破的成见,而广知各国的历史,则正是所以打破此等成见的,何况各国的历史,还可以互相比较呢。

四、职业青年的治学环境

专治外国史,现在的中国,似乎还无此环境。如欲精治中国史,则单读近人的著述,还嫌不够,因为近人的著述,还很少能使人完全满意的,况且读史原宜多觅原料。不过学问的观点,随时而异,昔人所欲知的,未必是今人所欲知,今人所欲知的,自亦未必是昔人所欲知。因此,昔人著述中所提出的,或于我们为无益,而我们所欲知的,昔人或又未尝提及。居于今日而言历史,其严格的意义,自当用现代的眼光,供给人以现代的知识,否则虽卷帙浩繁,亦只可称为史料而已。中国人每喜以史籍之丰富自夸,其实以今日之眼光衡之,亦只可称为史料丰富。史料丰富,自然能给专门的史学家以用武之地,若用来当历史读,未免有些不经济,而且觉得不适合。但是现在还只有此等书,那也叫作没法,我们初读的时候,就不得不多费些功夫。于此,昔人所谓"门径是自己读出来的""读书之初,不求精详,只求捷速""读书如略地,非如攻城"等说法,仍有相当的价值。阅读之初,仍宜以编年史为首务,就《通鉴》一类的书中,任择一种,用走马看花之法,匆匆阅读一过。此但所以求知各时代的大势，不必过求精细。做这一步功夫时，最好于历史地理，能够知道一个大概。这一门学问，现在亦尚无适当之书，可取《方舆纪要》，读其全书的总论和各省各府的总论。读时须取一种历史地图翻看。这一步功夫既做过，宜取《三通考》，读其田赋、钱币、户口、职役、征榷、市籴、土贡、国用、选举、学校、职官、兵、刑十三门。历史的根柢是社会，单知道攻战相杀的事，是不够的，即政治制度，亦系表面的设施。政令的起原（即何以有此政令），及其结果（即其行与不行，行之而为好为坏），其原因总还在于社会，非了解社会情形，对于一切史事，可说都不能真实了解的。从前的史籍，对于社会情形的记述，大觉阙乏。虽然我们今日，仍可从各方面去搜剔出来，然而这是专门研究的事，在研究之初，不能不略知大概。这在旧时的史籍中，唯有叙述典章制度时，透露得最多。所以这一步功夫，于治史亦殊切要。此两步功夫都已做过，自己必有些把握，其余一切史书，可以随意择读了。正史材料，太觉零碎，非已有主见的人，读之实不易得益，所以不必早读。但在既有把握之后读之，则其中可资取材之处正多。正史之所以流传至今，始终被认为正史者，即由其所包者广，他书不能代替之故。但我们之于史事，总只能注意若干门，必不能无所不包。读正史时，若能就我们所愿研究的事情，留意采取，其余则只当走马看花，随读随放过，自不虑其茫无津涯了。

考据的方法，前文业经略说，此中唯古史最难。因为和经、子都有关涉，须略知古书门径，此须别为专篇乃能详论，非此处所能具陈。

学问的门径，所能指出的，不过是第一步。过此以往，就各有各的宗旨，各有各的路径了。我是一个专门读书的人，读书的功夫，或者比一般人多些，然因未得门径，绕掉的圈儿，亦属不少。现在讲门径的书多了，又有各种新兴的科学为辅助，较诸从前，自可事半功倍。况且学问在空间，不在纸上，读书是要知道宇宙间的现象，就是书上所说的事情；而书上所说的事情，也要把它转化成眼前所见的事情。如此，则书本的记载，和阅历所得，合同而化，才是真正的学问。昔人所谓"世事洞明皆学问，人情练达即文章"，其中确有至理。知此理，则阅历所及，随处可与所治的学问相发明，正不必兢兢于故纸堆中讨生活了。所以职业青年治学的环境，未必较专门读书的青年为坏，此义尤今日所不可不知。

我疑心这是极好的文章,因为读到这里,他总是微笑起来,而且将头仰起,摇着,向后拗过去,拗过去。

从百草园到三味书屋

鲁迅

我家的后面有一个很大的园,相传叫作百草园。现在是早已并屋子一起卖给朱文公的子孙了,连那最末次的相见也已经隔了七八年,其中似乎确凿只有一些野草;但那时却是我的乐园。

不必说碧绿的菜畦,光滑的石井栏,高大的皂荚树,紫红的桑葚;也不必说鸣蝉在树叶里长吟,肥胖的黄蜂伏在菜花上,轻捷的叫天子(云雀)忽然从草间直窜向云霄里去了。单是周围的短短的泥墙根一带,就有无限趣味。油蛉在这里低唱,蟋蟀们在这里弹琴。翻开断砖来,有时会遇见蜈蚣;还有斑蝥,倘若用手指按住它的脊梁,便会啪的一声,从后窍喷出一阵烟雾。何首乌藤和木莲藤缠络着,木莲有莲房一般的果实,何首乌有臃肿的根。有人说,何首乌根是有像人形的,吃了便可以成仙,我于是常常拔它起来,牵连不断地拔起来,也曾因此弄坏了泥墙,却从来没有见过有一块根像人样。如果不怕刺,还可以摘到覆盆子,像小珊瑚珠攒成的小球,又酸又甜,色味都比桑葚要好得远。

长的草里是不去的,因为相传这园里有一条很大的赤练蛇。

长妈妈曾经讲给我一个故事听:先前,有一个读书人住在古庙里用功,晚间,在院子里纳凉的时候,突然听到有人在叫他。答应着,四面看时,却见一个美女的脸露在墙头上,向他一笑,隐去了。他很高兴,但竟给那走来夜谈的老和尚识破了机关。说他脸上有些妖气,一定遇见"美女蛇"了;这是人首蛇身的怪物,能唤人名,倘一答应,夜间便要来吃这人的肉的。他自然吓得要死,而那老和尚却道无妨,给他一个小盒子,说只要放在枕边,便可高枕而卧。他虽然照样办,却总是睡不着,——当然睡不着的。到半夜,果然来了,沙沙沙!门外像是风雨声。他正抖作一团时,却听得豁的一声,一道金光从枕边飞出,外面便什么声音也没有了,那金光也就飞回来,敛在盒子里。后来呢?后来,老和尚说,这是飞蜈蚣,它能吸蛇的脑髓,美女蛇就被它治死了。

结末的教训是:所以倘有陌生的声音叫你的名字,你万不可答应他。

这故事很使我觉得做人之险,夏夜乘凉,往往有些担心,不敢去看墙上,而且极想得到一盒老和尚那样的飞蜈蚣。走到百草园的草丛旁边时，也常常这样想。但直到现在，总还是没有得到，但也没有遇见过赤练蛇和美女蛇。叫我名字的陌生声音自然是常有的，然而都不是美女蛇。

冬天的百草园比较的无味；雪一下，可就两样了。拍雪人（将自己的全形印在雪上）和塑雪罗汉需要人们鉴赏，这是荒园，人迹罕至，所以不相宜，只好来捕鸟。薄薄的雪，是不行的；总须积雪盖了地面一两天，鸟雀们久已无处觅食的时候才好。扫开一块雪，露出地面，用一枝短棒支起一面大的竹筛来，下面撒些秕谷，棒上系一条长绳，人远远地牵着，看鸟雀下来啄食，走到竹筛底下的时候，将绳子一拉，便罩住了。但所得的是麻雀居多，也有白颊的"张飞鸟"，性子很躁，养不过夜的。

这是闰土的父亲所传授的方法，我却不大能用。明明见它们进去了，拉了绳，跑去一看，却什么都没有，费了半天力，捉住的不过三四只。闰土的父亲是小半天便能捕获几十只，装在叉袋里叫着撞着的。我曾经问他得失的缘由，他只静静地笑道：你太性急，来不及等它走到中间去。

我不知道为什么家里的人要将我送进书塾里去了，而且还是全城中称为最严厉的书塾。也许是因为拔何首乌毁了泥墙罢，也许是因为将砖头抛到间壁的梁家去了吧，也许是因为站在石井栏上跳了下来罢，……都无从知道。总而言之：我将不能常到百草园了。Ade，我的蟋蟀们！Ade，我的覆盆子们和

221

木莲们!……

出门向东,不上半里,走过一道石桥,便是我的先生的家了。从一扇黑油的竹门进去,第三间是书房。中间挂着一块匾道:三味书屋;匾下面是一幅画,画着一只很肥大的梅花鹿伏在古树下。没有孔子牌位,我们便对着那匾和鹿行礼。第一次算是拜孔子,第二次算是拜先生。

第二次行礼时,先生便和蔼地在一旁答礼。他是一个高而瘦的老人,须发都花白了,还戴着大眼镜。我对他很恭敬,因为我早听到,他是本城中极方正、质朴、博学的人。

不知从那里听来的,东方朔也很渊博,他认识一种虫,名曰"怪哉",冤气所化,用酒一浇,就消释了。我很想详细地知道这故事,但阿长是不知道的,因为她毕竟不渊博。现在得到机会了,可以问先生。

"先生,'怪哉'这虫,是怎么一回事?……"我上了生书,将要退下来的时候,赶忙问。

"不知道!"他似乎很不高兴,脸上还有怒色了。

我才知道做学生是不应该问这些事的,只要读书,因为他是渊博的宿儒,决不至于不知道,所谓不知道者,乃是不愿意说。年纪比我大的人,往往如此,我遇见过好几回了。

我就只读书,正午习字,晚上对课。先生最初这几天对我很严厉,后来却好起来了,不过给我读的书渐渐加多,对课也渐渐地加上字去,从三言到五言,终于到七言。

三味书屋后面也有一个园，虽然小，但在那里也可以爬上花坛去折腊梅花，在地上或桂花树上寻蝉蜕。最好的工作是捉了苍蝇喂蚂蚁，静悄悄地没有声音。然而同窗们到园里的太多，太久，可就不行了，先生在书房里便大叫起来：

"人都到哪里去了?!"

人们便一个一个陆续走回去；一同回去，也不行的。他有一条戒尺，但是不常用，也有罚跪的规则，但也不常用，普通总不过瞪几眼，大声道：

"读书！"

于是大家放开喉咙读一阵书，真是人声鼎沸。有念"仁远乎哉我欲仁斯仁至矣"的，有念"笑人齿缺曰狗窦大开"的，有念"上九潜龙勿用"的，有念"厥土下上上错厥贡苞茅橘柚"的……。先生自己也念书。后来，我们的声音便低下去，静下去了，只有他还大声朗读着：

"铁如意，指挥倜傥，一座皆惊呢——；金叵罗，颠倒淋漓噫，千杯未醉嗬——。"

我疑心这是极好的文章，因为读到这里，他总是微笑起来，而且将头仰起，摇着，向后拗过去，拗过去。

先生读书入神的时候，于我们是很相宜的。有几个便用纸糊的盔甲套在指甲上做戏。我是画画儿，用一种叫作"荆川纸"的，蒙在小说的绣像上一个个描下来，像习字时候的影写一样。读的书多起来，画的画也多起来；书没有读成，画的成绩却不少了，最成片段的是《荡寇志》和《西游记》的绣像，都有一大本。后来，因为要钱用，卖给一个有钱的同窗了。他的父亲是开锡箔店的；听说现在自己已经做了店主，而且快要升到绅士的地位了。这东西早已没有了罢。

九月十八日

[全书完]